图书在版编目(CIP)数据

信息技术/赵坚编著.—上海:华东师范大学出版社,2024
 ISBN 978－7－5760－4665－6

Ⅰ.①信… Ⅱ.①赵… Ⅲ.①信息技术 Ⅳ.①G202

中国国家版本馆 CIP 数据核字(2024)第 027430 号

信息技术

编　　著　赵　坚
责任编辑　罗　彦
责任校对　王丽平　时东明
装帧设计　庄玉侠

出版发行　华东师范大学出版社
社　　址　上海市中山北路3663号　邮编 200062
网　　址　www.ecnupress.com.cn
电　　话　021－60821666　行政传真 021－62572105
客服电话　021－62865537　门市(邮购)电话 021－62869887
地　　址　上海市中山北路3663号华东师范大学校内先锋路口
网　　店　http://hdsdcbs.tmall.com

印 刷 者　苏州工业园区美柯乐制版印务有限责任公司
开　　本　787毫米×1092毫米　1/16
印　　张　15
字　　数　292千字
版　　次　2024年6月第1版
印　　次　2024年6月第1次
书　　号　ISBN 978－7－5760－4665－6
定　　价　49.00元

出 版 人　王　焰

(如发现本版图书有印订质量问题,请寄回本社客服中心调换或电话021－62865537联系)

前言

当前,人类社会正加速迈向数字文明时代。党的二十大报告提出,要加快建设"网络强国、数字中国",从而开启我国信息化发展的新征程。加快提升国民信息素养,既是塑造信息时代国家竞争新优势的战略选择,也是建设数字中国、智慧社会的重要举措。

一、课程性质与编写依据

信息技术是一门面向高职院校各专业学生的公共基础课程,旨在帮助学生掌握信息技术的基本知识和技能,提高他们的信息化素养和应用能力。

本教材依据教育部《高等职业教育专科信息技术课程标准(2021年版)》编写,遵循高等职业教育的类型特征以及高职学生的学习规律和认知特点。

二、教材内容

本教材包含6个主题,共20个任务,覆盖了课标规定的全部基础模块,涵盖了信息技术与信息素养、信息检索、文档处理、电子表格处理、演示文稿制作、信息安全等方面的内容。每个任务建议分配2—3学时。

表1 各主题建议学时

主题	建议学时
信息技术与信息素养	8
信息检索	6
文档处理	12
电子表格处理	12
演示文稿制作	6
信息安全	6
合计	**50**

三、教材特点

1. 融入课程思政元素，落实立德树人根本任务

本教材融入了课程思政元素，旨在引导学生树立正确的世界观、人生观和价值观。通过案例分析、思辨讨论等形式，引导学生思考信息技术的发展对社会、经济和文化的影响，培养学生的社会责任感和使命感。

2. 创新任务引领形式，提升实际问题解决能力

在内容的编排上，本教材旨在提升学生使用信息技术解决实际问题的能力。每个任务均以生活或职业情境导入，设有任务准备、任务实施、拓展提高、练习思考和评价总结等模块。其中，在任务准备阶段，学生需要根据提供的资料归纳、整理知识点；在任务实施阶段，学生需要根据教学活动设计，按步骤完成任务；在评价总结阶段，学生需要自查任务完成情况、记录任务完成时间以及自己对任务的进一步思考。

3. 融入人工智能应用，强化信息技术创新思维

作为新一轮科技革命和产业变革的重要驱动力量，人工智能技术的发展与应用拓展已被按下"快进键"。本教材融入了人工智能的内容，旨在帮助学生了解和掌握当前信息技术领域的前沿技术，掌握人工智能在信息技术领域的应用，以及了解人工智能对未来信息技术发展的影响。本教材不仅注重理论知识的传授，而且注重培养学生的实际应用能力和创新思维，旨在帮助学生在信息技术领域获得更加全面和深入的发展。

四、编写人员

本教材由赵坚编著，编写团队成员包括程雷、俞佳莺、赵珏、涂蔚萍、虞亚楠、周芃和顾晶。

在编写本教材的过程中，编者参考了国内外的同类教材和相关资料，在此向相关作者表示诚挚的谢意，同时对为本教材付出辛勤劳动的编辑老师表示衷心的感谢。由于编者水平有限，教材内容难免存在不足之处，希望广大师生批评指正。

希望本教材能够成为广大高职院校信息技术课程的良好的教学辅助工具，帮助学生掌握信息技术的基本知识和技能，提高信息化素养和应用能力。同时，也希望学生能够在学习的过程中主动思考、勤奋学习，将所学知识运用到生活和专业学习中，为自己的职业生涯发展打下坚实的基础。祝愿学生们在学习信息技术的过程中取得丰硕的成果，为实现自己的梦想和目标不懈努力！

教材编写组
2024 年 4 月

目录

主题 1 信息技术与信息素养 /1

任务 1.1 畅游电脑世界 / 3

- 数据在计算机内部的表示方式 / 9
- 在线自测 / 19

任务 1.2 探索新一代信息技术 / 21

- 物联网的体系结构 / 28
- 什么是区块链 / 32
- 在线自测 / 36

任务 1.3 制定信息素养宣言 / 39

- 《生成式人工智能服务管理暂行办法》全文 / 41
- 《全球人工智能治理倡议》全文 / 45
- 在线自测 / 45

任务 1.4 成为一名数字化人才 / 47

- 《提升全民数字素养与技能行动纲要》全文 / 47
- 企业数字化转型 / 48
- 在线自测 / 55

主题 2 信息检索 / 57

任务 2.1 认识信息的价值 / 59

- 计算机信息检索系统中基本的检索算符 / 63
- 在线自测 / 67

任务 2.2　让检索更专业 / 69

- 高级搜索语法和功能 / 71
- 在线自测 / 77

任务 2.3　撰写文献综述 / 79

- 截词检索和位置检索 / 84
- 在线自测 / 88

文档处理 / 91

任务 3.1　拟写活动通知 / 93

- WPS 基础操作 / 94
- WPS 格式设置 / 94
- 在线自测 / 101
- WPS 基础操作 / 94
- 通知实例 / 100

任务 3.2　制作评分表格 / 104

- 表格的编辑方法 / 106
- 邮件合并 / 109
- 评分表实例 / 109
- 在线自测 / 110

任务 3.3　美化生活手账 / 113

- 文档排版的操作方法 / 115
- 在线自测 / 120
- 手账实例 / 118

任务 3.4　撰写毕业岗位实习报告 / 123

- 实习报告样例 / 124
- 岗位实习报告实例 / 127
- 目录创建及页面设置的操作方法 / 125
- 在线自测 / 131

电子表格处理 / 133

任务 4.1　采集 GDP 数据 / 135

- 工作簿、工作表的基本操作 / 137
- 我国 GDP 数据的处理 / 143
- 单元格、行和列的基本操作 / 140
- 在线自测 / 145

任务 4.2　用公式处理数据 / 147

- 单元格地址的引用 / 147
- 函数的概念与使用方法 / 150
- 在线自测 / 153
- 公式的概念、设计与使用 / 148
- 分析我国 GDP 数据增长的方法 / 151

任务 4.3　分析 GDP 增长情况 / 155

- 数据筛选 / 155
- 数据分类汇总 / 159
- 筛选、分析我国的 GDP 数据 / 161
- 数据排序 / 157
- 数据透视表 / 160
- 在线自测 / 164

任务 4.4　数据可视化及报告撰写 / 167

- 图表的创建及编辑 / 169
- 在线自测 / 175
- 用图表展示数据 / 173

主题 5　演示文稿制作 / 177

任务 5.1　讲述大国工匠的成才故事 / 179

- 演示文稿软件的基本操作方法 / 182
- 在线自测 / 188
- "工匠精神"演示文稿实例 / 186

任务 5.2　汇报社会实践活动 / 190

- 母版的编辑和应用 / 191
- 演示文稿的超链接和动作制作 / 195
- 在线自测 / 202
- 演示文稿的动画设计 / 192
- 社会实践报告实例 / 200

主题 6　信息安全 / 205

任务 6.1　制定个人信息保护计划 / 207

- 信息安全 / 207
- 在线自测 / 212

任务 6.2　远离信息安全威胁 / 214

　▶ 信息安全技术的类别 / 216　　　　　　　　　▣ 在线自测 / 221

任务 6.3　保护公司网络安全 / 224

　▶ 安全漏洞的扫描流程 / 226　　　　　　　　　▣ 在线自测 / 230

主题 1
信息技术与信息素养

信息技术是用于管理和处理信息所采用的各种技术的总称,是人们在获取、整理、加工、传递、存储和利用信息的过程中所采取的各种技术和方法。新一代信息技术是以人工智能、量子信息、移动通信、物联网、大数据和区块链等为代表的新兴技术。它既是信息技术的纵向升级,也是信息技术之间及信息技术与相关产业之间的横向融合。本主题包含计算机的发展与计算机系统的基本组成、信息技术及其发展、新一代信息技术的技术特点与典型应用、信息素养与社会责任等内容。

建议学时
8 学时

- 任务 1.1　畅游电脑世界(2 学时)
- 任务 1.2　探索新一代信息技术(2 学时)
- 任务 1.3　制定信息素养宣言(2 学时)
- 任务 1.4　成为一名数字化人才(2 学时)

任务 1.1 畅游电脑世界

学习目标

1. 了解计算机的发展历史及未来的发展趋势。
2. 理解数据在计算机内的表示方式。
3. 掌握计算机系统的基本组成。
4. 会根据需求选用合适的计算机。

情境任务

小李是数字媒体技术专业的一名大一新生,他计划购置一台笔记本电脑,主要用于专业学习,预算为5000元。你能帮助他了解计算机的工作原理、主要性能指标,以及计算机硬件配置和软件安装的相关知识吗?此外,请结合他的专业需求,帮助他购置一台合适的计算机。

任务准备

1. 了解计算机的发展历史

资料 1.1.1   计算机的发展

现代信息技术最重要的成果与标志就是计算机。自从人类活动被记载以来,人类对自动计算的追求就一直没有停止过。计算机的发明便是建立在人类千百年来的不懈追求和探索之上的。

1. 计算机的诞生

1941年,爱荷华州立大学的约翰·文森特·阿塔纳索夫(John Vincent Atanasoff)和克利福特·贝瑞(Clifford Berry)成功研制了世界上第一台电子计算机——阿塔纳索夫-贝瑞计算机(Atanasoff-Berry Computer,简称ABC)。这台计算机不可编程,仅能用于求解线性方程组,并于1942年测试成功,如图1.1.1所示。

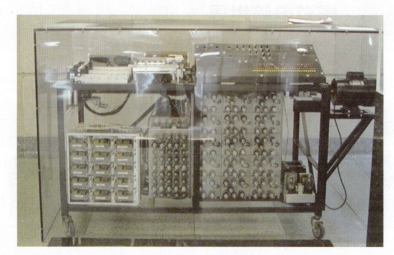

图1.1.1　ABC电子计算机的复制品

1946年2月,在美国宾夕法尼亚大学诞生了以真空电子管取代继电器的电子数字积分计算机(Electronic Numerical Integrator and Computer,简称ENIAC)。该计算机是由以科学家莫希利(Mauchly)、埃克特(Eckert)为首的四人小组,借鉴并发展了ABC电子计算机的主要设计构想而研制成功的。它被正式投入运行,但还不具备"存储程序"的特征,如图1.1.2所示。

图1.1.2　ENIAC电子数字积分计算机

1945年,美籍匈牙利科学家冯·诺依曼(John von Neumann)提出了全新的存储程序通用电子计算机(Electronic Discrete Variable Automatic Computer,简称EDVAC)设计方案。其核心思想为:一是采用二进制(0和1)表示数据或计算机指令;二是把指令存储在计算机内部,且能自动执行指令;三是计算机由运算器、控制器、存储器、输入和输出设备这五大部分组成。1951年,EDVAC被正式投入使用(如图1.1.3所示),它不仅可应用于科学计算,而且可应用于信息检索领域。

图1.1.3 冯·诺依曼和EDVAC电子计算机

从EDVAC开始,计算机的基本体系结构采用的都是冯·诺依曼所提出的"存储程序"设计思想,因此这一体系结构也被称为冯·诺依曼体系结构。由此,冯·诺依曼被视为"现代计算机之父"。

2. 计算机的发展

自第一台计算机问世以后,越来越多的高性能计算机被研制出来。计算机也从第一代发展到了第四代,目前正在向第五代、第六代的智能计算机发展。

第一代计算机(1946—1958年),采用电子管作为基本元器件,体积大、容量小、耗电量大、寿命短、可靠性差;使用机器语言和汇编语言设计程序;主要用于科学计算。

第二代计算机(1959—1964年),采用晶体管作为基本元器件,体积小、重量轻、功耗降低,提高了运行速度和可靠性;采用高级语言设计程序;除了应用于科学计算外,还可应用于数据处理和实时控制等领域。

第三代计算机(1965—1970年),采用中小规模的集成电路作为基本元器件,体积减小,功耗、价格等进一步降低,而速度及可靠性则有更大的提高;采用结构化的程序设计方法,软件技术有了较大的提高;应用范围扩大到企业管理和辅助设计等领域。

第四代计算机(1971年至今),采用大规模和超大规模集成电路作为基本元器件,体积更小、功能更强、运算速度更快。计算机网络和系统软件的发展不仅实现了计算机运行的自动化,而且正不断向智能化方向迈进。各种应用软件层出不穷,极大地扩展了应用范围和领域。

以上这四代计算机的本质区别在于基本元器件的改变,即从电子管、晶体管、集成电路到大规模和超大规模集成电路。

问题探究

(1) 学习资料 1.1.1 计算机的发展,记录计算机发展史中典型计算机的特点。

(2) 了解第一代至第四代计算机所处的时期及其基本元器件和特点,在表 1.1.1 中做记录。

表 1.1.1　第一代至第四代计算机的区别

	时间跨度	基本元器件	特点
第一代			
第二代			
第三代			
第四代			

计算机的发明对人类社会有什么影响?

2. 了解新一代计算机

资料 1.1.2   **新一代计算机的发展**

新一代计算机正朝着巨型化、微型化、网络化、智能化和高性能化方向发展,即能将信息的采集、存储、处理、通信与人工智能结合在一起,具有像人类一般的思维、推理和判断能力。尽管传统的、基于集成电路的计算机在短时间内不会退出历史舞台,但超级计算机、纳米计算机、量子计算机、光子计算机、生物计算机等新一代计算机正在迅速发展。

(1) 超级计算机。超级计算机又称巨型机。超级计算机的构成组件与普通计算机基本相同。它采用涡轮式设计,每个刀片就是一个服务器,能实现协同工作,并可根据应用需要随时增减,能够执行一般个人计算机无法处理的大量数据。超级计算机多用于国家高科技领域和尖端技术研究,是国家科技发展水平和综合国力的重要标志。一个国家的超级计算机的性能水平,将直接关系到国家的民生和安全。

2000 年 12 月,上海市政府投资成立了上海超级计算中心(SSC),它是国内第一个面向社会开放,且实现资源共享的高性能计算公共服务平台。"天河一号""神威蓝光""曙光星云""天河二号""神威·太湖之光"等一批超级计算机的部署和应用,标志着中国自主超级计算技术产业进入了跨越式发展的新历程,也体现了我国科技强国的硬实力。

(2) 纳米计算机。纳米计算机是将纳米技术运用于计算机领域而研制出的一种新型计算机。纳米是一个微小的计量单位,1 纳米 $=10^{-9}$ 米。纳米技术可以将传感器、电动机和各种处理器都放在一个硅芯片上,使它们构成一个系统。应用纳米技术的计算机内存芯片,其体积相当于人体头发丝直径的千分之一。

2013 年 9 月 26 日,斯坦福大学宣布,人类首台基于碳纳米晶体管技术的计算机已成功测试并运行。该项实验的成功证明了人类有望在不远的将来,摆脱当前所运用的硅晶体技术,使计算设备的体积越来越小,价格越来越便宜,反应速度越来越快,且几乎不需要耗费任何能源,性能要比今天的计算机强大许多倍。

(3) 量子计算机。量子计算机是一类遵循量子力学规律进行高速数学和逻辑运算、存储及处理量子信息的物理装置。如果某个物理装置处理和计算的是量子信息,运行的是量子算法,它就是量子计算机。量子计算机的特点主要有运行速度较快、处理信息能力较强、应用范围较广等。将量子计算机与一般计算机相比较,信息处理量越多,对于量子计算机实施运算就越有利,因为它能确保运算的精准性。

2007 年,加拿大 D-Wave 公司成功研制出一台具有 16 昆比特(qubit)的"猎户星座"量子计算机。2017 年,IBM 公司推出全球首项商业"通用"量子计算服务。2017 年 5 月,由中国科学技术大学潘建伟团队构建的光量子计算机实验样机的计算能力已经超越早期经典计算机。2020年,潘建伟团队成功构建了76光子的"九章"光量子计算原型机,首次在国际上实现光学体系的"量子计算优越性";2021年,团队成功研制了113光子的"九章二号"和56昆比特的"祖冲之二号"量子计算原型机,使我国成为唯一在光学和超导两种技术路线都达到了"量子计算优越性"的国家;2023年,团队进一步成功构建了255光子的量子计算原型机"九章三号",再度刷新了光量子信息的技术水平和量子计算优越性的世界纪录。

(4) 光子计算机。光子计算机是一种由光信号进行数字运算、逻辑操作、信息存贮和处理的新型计算机。它由激光器、光学反射镜、透镜、滤波器等光学元件和设备构成,依靠激光束进入由反射镜和透镜组成的阵列进行信息处理,以光子代替电子、光运算代替电运算。

光子计算机的并行处理能力很强,具有超高运算速度,还具有与人脑相似的容错性。当系统中某一元件损坏或出错时,并不影响它的最终计算结果。光子在光介质中传输所造成的信息畸变和失真极小,光传输、光转换的能量消耗和热量散发极低,对环境条件的要求比电子计算机低得多。

(5) 生物计算机。生物计算机也称仿生计算机,是以核酸分子作为"数据",以生物酶及生物操作作为信息处理工具的一种新颖的计算机。它的主要原材料为由生物工程技术产生的蛋白质分子构成的生物芯片,以此来替代半导体硅片。

生物计算机芯片具有并行处理的功能,其运算速度要比当今最新一代的计算机更快。生物计算机具有生物体的一些特点,如能发挥生物本身的调节机能,自动修复芯片上发生的故障,还能模仿人脑的机制等。生物计算机可以直接接受大脑的综合指挥,成为人脑的辅助装置或扩充部分,并能通过人体细胞吸收营养来补充能量,因而不需要外界能源。它将成为能植入人体内的,且能帮助人类学习、思考、创造、发明的最理想的伙伴。

未来的计算机将向超高速、超小型、智能化的方向发展,将具有多种感知能力、一定的思考和判断能力及一定的自然语言能力。

 问题探究

(1) 学习资料1.1.2新一代计算机的发展,记录新一代计算机的发展方向。
新一代计算机正朝着_____、_____、_____、_____和_____方向发展,即能将信息的采集、存储、处理、通信与人工智能结合在一起,具有像人类一般的思维、推理和判断能力。

(2) 在表1.1.2中记录新一代计算机的主要特征。

表1.1.2 新一代计算机的主要特征

新一代计算机	主要特征
超级计算机	
纳米计算机	
量子计算机	
光子计算机	
生物计算机	

你认为未来计算机的发展趋势是怎样的?

我畅想的未来计算机：

3. 了解计算机内部数据的表示方式

资料1.1.3　　数据在计算机内部的表示方式

数据是指能够输入计算机并能被计算机处理的数值、字符(西文字符、汉字)、图像与图形编码、声音编码和视频编码等的集合。在计算机内部,任何数据都是采用二进制编码来存放的。换言之,存储器里的二进制数,不仅可以表示数值,也可以用来表示其他各种信息,我们一般称之为计算机内的数据。

数据在计算机内部的表示方式

(1) 数值。由于数值包括正整数、负整数和小数等多种类型,且会遇到很大或很小的数,同时需要考虑计算机的运算能力,因此,数值在计算机内的表示方式是比较复杂的。比如,在编程时要定义变量的类型,其中涉及的数值可分为整型、长整型、单精度浮点数、双精度浮点数等,这就体现了数值的复杂性。

(2) 西文字符。在计算机系统中,西文字符目前主要采用美国标准信息交换码(ASCII 码),它被国际标准化组织(ISO)认定为国际标准。ASCII 码有 7 位基本 ASCII 码和 8 位扩展 ASCII 码两种。其中,基本 ASCII 码只包含 128 个代码,每个代码用 7 位二进制数来表示,占据 1 个字节(共 8 位)的低 7 位,最高位用 0 填充;而扩展 ASCII 码在计算机中占据 1 个字节,最高位是 1。另外,为了字符类型的数据排序,可以利用代码之间的大小关系来定义相应字符的"大小"关系。

(3) 汉字。计算机对于汉字的处理要比西文字符复杂,主要原因是汉字数量多、字形复杂、字音多变等。因此,汉字的编码也更为复杂。

① 汉字国标码。1980 年,我国根据有关的国际标准,在 ASCII 码的基础上,颁布了第一个汉字编码字符集标准,即《信息交换用汉字编码字符集基本集》(GB 2312—80),又称国标码。该标准为 6763 个汉字及 682 个常用符号规定了统一的 2 字节编码,由此奠定了中文信息处理的基础。2000 年,我国又正式发布并实施了新的国家标准《信息技术汉字编码字符集基本集的扩充》(GB 18030—2000)。该标准为常用非汉字符号和 27 533 个汉字(包括部首、部件等)规定了统一的 2 字节或 4 字节编码。2005 年,我国又发布了《信息技术中文编码字符集》(GB 18030—2005),在 GB 18030—2000 的基础上增加了 42 711 个汉字和多种我国少数民族文字,同样采用 2 字节或 4 字节的编码形式。

② 汉字机内码。汉字机内码是为在计算机内部对汉字进行存储、处理和传输而统一使用的代码。由于国标码(GB 2312—80)所采用的 2 字节代码,其每个字节的最高位是 0,在计算机内部容易与 ASCII 码产生混淆。因此,计算机内部在表示汉字时,会把每个字节的最高位固定为 1,后 7 位编码仍以国标码方案为基础,从而形成汉字机内码。

③ 汉字输入码。它是指为了将汉字输入计算机而设计的编码。目前,我们主要利用西文键盘来输入汉字,因此,输入码是由键盘上的字母、数字或符号组成的。同一个汉字若采用的输入方法不同,其输入码也不同。

④ 汉字输出码。它是指将汉字在屏幕上显示或在打印机上打印时所使用的编码,又称汉字字形码。每个汉字的字形都预先存放在计算机内,汉字字形主要有点阵和矢量两种表示方法。其中,点阵字形是用一个排列成方阵的点(黑或白)来描述汉字的。为了在计算机内部能存储这些信息,规定白色的点用"0"表示,黑色的点用"1"表示,这样,一个汉字的字形就可用一串二进制数表示了。例如,"我"这个字,每行有 16 个点,每 8 个点用一个字节表示,每行需要 2 个字节,即共需要 32 个字节来存储对应的点阵信息,如图 1.4.1 所示。

(4) 图像与图形编码。虽然图像(Image)和图形(Graph)都是数字媒体系统中的可视化元素,但它们的产生、描述和存储方式均不同。

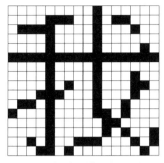

(a) "我"在屏幕上的显示　　　　(b) "我"的点阵编码

图 1.1.4　汉字"我"的点阵显示和它的点阵编码

① 图像是位图(Bitmap),可以通过照相、扫描、摄像,或通过绘制得到,它所包含的信息是用像素来度量的。像素(Pixel)是组成一幅图像的最小单元。只要在计算机内部规定好各像素颜色信息存放的次序和方法,就能把图像变成计算机内部的数据,它们实际上是数字化了的信息。

② 图形是矢量图(Vector),是人们根据客观事物制作生成的,而不是客观存在的。它是计算机根据几何特性,用数学方程来绘制的直线、圆、矩形、曲线等图形。计算机用一组指令集合来描述矢量图形的内容,如描述构成该图形的各种图元位置、形状等。这种方式适用于描述轮廓不是很复杂、色彩不是很丰富的对象,如几何图形、工程图纸、3D造型等。

(5) 声音编码。声音一般有两种:一种是利用麦克风录制的模拟声音,在经过数字化后得到的波形音频;另一种是利用电子合成设备合成的电子音频。

① 波形音频是一种具有一定的振幅和频率且随时间变化的声波,通过话筒等转化装置可将其变成连续变化的电信号(模拟信号)。为了在计算机内部存储这些信息,需要将电信号进行数字化,即首先采用一定的频率进行"采样",然后用 8 位或 16 位二进制数来"量化",再经过"编码"得到一连串的字节。

② 电子音频是使用计算机和一些电子合成设备合成的声音,分为语音合成和音乐合成两大类。语音合成是利用计算机和一些专门装置模拟人制造语音的技术,它能将任意文字信息实时转化为标准流畅的语音朗读出来。音乐合成取决于音乐合成器,这是一种用来产生、修改正弦波形并对其进行叠加,然后通过声音产生器和扬声器发出特定声音的设备。

(6) 视频编码。视频实际上是由一幅幅内容连续的图像组成的。当连续的图像按一定的速率快速播放时,由于人眼的视觉暂留现象,就会产生连续的视觉效果,这种连续的画面就叫作视频。按照处理方式的不同,视频可分为模拟视频和数字视频。

① 模拟视频的数字化主要包括色彩空间的转换、光栅扫描的转换及分辨率的统一。模拟视频一般采用分量数字化方式,即先把复合视频信号中的亮度和色度分离,得到 YUV

或 YIQ 分量,然后用三个模/数转换器对三个分量分别进行数字化,最后再转换成 RGB 色彩空间。

② 数字视频是以数字形式记录的视频。它可以通过数字摄像机拍摄获取,也可以通过模拟视频信号经模/数转换采集获得。数字视频容量较大,存储前需采用不同的压缩算法压缩,在产生不同的格式文件后存储,播放时则需要用不同的算法解码播放。

问题探究

学习资料1.1.3数据在计算机内部的表示方式,在表1.1.3中做记录。

表1.1.3 计算机内部数据的表示方式

序号	数据形式	表示方式
1	数值	
2	西文字符	
3	汉字	
4	图像	
5	图形	
6	声音	
7	视频	

4. 了解计算机系统的组成

资料 1.1.4   **计算机系统的基本组成**

一个完整的计算机系统由硬件系统和软件系统两大部分组成。硬件系统指客观存在的物理实体,由电子元件和机械元件构成,是计算机系统的物质基础。软件系统指运行在计算机上的程序和数据,是计算机系统的灵魂。没有软件的计算机被称为"裸机",不能供用户使用,而没有硬件对软件的物质支持,软件的功能则无从谈起。因此,两者是相辅相成,缺一不可的。

1. 硬件系统

(1) 主机：包括中央处理器、存储器。

① 中央处理器(Central Processing Unit，简称CPU)能够将运算器和控制器集成在同一枚芯片中。它是一个由算术逻辑运算单元、控制器单元、寄存器组及内部系统总线等部件组成的大规模集成电路芯片。CPU是计算机的核心部件，它的主要任务是利用运算器将任何复杂的运算转化为基本的算术和逻辑运算，然后在运算器中完成，并通过控制器这个指挥系统从内存读取指令和执行指令，从而组织、指挥和协调计算机各个部件的工作。

② 存储器是计算机的记忆装置，它的主要功能是存放程序和数据。存储器根据其与CPU联系的密切程度可分为主要存储器(简称内存)和辅助存储器(简称外存)。内存是计算机各种信息存放和交换的中心，它直接与CPU交换信息，容量小，但存取速度快。计算机当前运行的程序和数据必须存储在内存中。内存分为只读存储器(ROM)和随机读写存储器(RAM)。外存作为内存的延伸和后援，间接和CPU联系，用来存放一些程序和数据，需要时被调入内存，然后被CPU执行。外存容量大，但存取速度慢，可以长期保存大量数据。目前，常用的外存储器主要有硬盘、光盘、可移动存储器和网络存储器等。

(2) 外部设备：包括输入设备、输出设备和其他硬件设备。

① 输入设备是从计算机外部向计算机内部传送信息的装置，其功能是将数据、程序代码及其他信息，从人们熟悉的形式转换为计算机能够识别和处理的形式，并输入计算机内部。常用的输入设备有键盘、鼠标、手写笔、扫描仪、数字化仪、条形码阅读器、触摸屏等。

② 输出设备是将计算机的处理结果传送到计算机外部供用户使用的设备。其功能是将计算机内部的二进制形式的数据信息转换成人们所需要的或其他设备所能接受和识别的信息形式。常用的输出设备有显示器、打印机、绘图仪、投影仪、音箱等。

③ 其他硬件设备。计算机的硬件设备除了以上部件外，还有一些其他的设备，如主板、声卡、网卡和显卡等。

a. 主板又称主机板、系统板或母板，它安装在机箱内，将计算机的各个部件紧密地连接在一起。主板通常是一块矩形的印刷电路板，上面有CPU插槽、内存条插槽、总线扩展槽、芯片组(南桥、北桥、ROM BIOS芯片)、各种外部设备的接口等元件。

b. 声卡是多媒体计算机必需的设备，它可以用来录制声音和播放声音，带有接扬声器和麦克风的插口。声卡的技术指标主要有：声音的采样位数、声音的采样频率、数字信号处理器(DSP)、FM合成和波表合成、内置混响芯片和功率放大芯片。

c. 网卡又称网络适配器，是计算机用以连接网络的硬件设备。它负责将计算机产生或接收的数据转换为适合在网络上传输的格式，并且能够通过物理介质(如以太网、无线电波等)与其他计算机或网络设备进行通信。随着无线网络的普及,各类用来连接无线局域网的无线网卡也应运而生。

d. 显卡是将计算机系统需要的显示信息进行转换并向显示器提供逐行或隔行扫描信号,控制显示器的正确显示的设备。它是连接显示器和个人计算机主板的重要组件,是人机交互的重要设备之一。

随着主板集成度的提高,有些计算机将声卡、网卡、显卡等都集成在主板上。

2. 软件系统

计算机软件系统是运行在计算机上的程序、运行程序所需的数据和相关文档的总称。从功能角度来看,计算机软件系统可以分为两大类:系统软件和应用软件。

(1) 系统软件是指控制和协调计算机及外部设备,支持应用软件开发和运行的系统。它能够实现对各种资源的管理、基本的人机交互、高级语言的编译或解释以及基本的系统维护调试等工作。系统软件包括操作系统、语言处理工具、数据库管理系统等软件。

① 操作系统:用以控制和管理系统资源,方便用户使用计算机的程序的集合。它的基本功能有两个:一是资源管理,管理计算机系统的硬件资源、软件资源及数据资源;二是用户界面管理,为用户提供方便的、有效的和友善的服务界面,以及与计算机硬件系统之间的用户接口。常见的操作系统有 Windows、Unix、Linux 和 Mac OS 等。

② 语言处理工具:包括程序设计语言及其编译程序、解释程序、调试程序、查错程序等。其中,程序设计语言是用来编写程序所使用的语言,它是人与计算机之间交流的工具。按照和硬件结合的紧密程度,可以将程序设计语言分为机器语言、汇编语言和高级语言(又可分为面向过程的语言和面向对象的语言两种)。用高级语言编写的程序叫作源程序或源代码,必须经过编译或解释才能够执行。另外,程序在编写或编译的过程中还要用到该语言的调试和查错程序。

③ 数据库管理系统:一种用来管理数据库的软件,它能维护数据库,以及接收和完成用户提出的访问数据库的各种要求,是帮助用户建立和使用数据的一种工具和手段。

(2) 应用软件是为了完成某种具体的应用性任务而编制的程序软件。应用程序在软件系统中处于最外层,是直接和用户打交道的软件。用户要从事某种工作,就会选择相应的应用软件。应用软件量大面广,关系到人类社会的各个方面,如办公应用类、数据处理类、教学辅助类、数字媒体处理类、网络应用类、商务活动类、社会服务类和娱乐游戏类等。

由于根据软件的类别概念来对其进行分类具有一定的相对性,比如,对某些软件进行系统软件或应用软件的绝对区分是有一定困难的,因此,对于软件的划分并不是绝对的。

问题探究

学习资料1.1.4计算机系统的基本组成,画出计算机系统基本组成框架图。

图1.1.5 计算机系统基本组成框架图

任务实施

第一步 列出学校机房中计算机(台式电脑)系统的组成情况。

表1.1.4 计算机(台式电脑)系统的组成情况

系统类型	组成情况
硬件系统	主机箱内的硬件
	主机箱外的硬件
软件系统	操作系统
	安装的应用软件

第二步 列出学校机房中计算机(台式电脑)的主要设备及其性能参数。

表1.1.5 计算机(台式电脑)的主要设备及其性能参数

主要设备及性能指标		具体参数
CPU 处理器	处理器品牌	
	型号	
	核心数量	
显示器	显卡(独立/集成)	
	屏幕尺寸和分辨率	
	显示比例	
内存容量		
硬盘(固态/机械)容量		
网络传输	蓝牙版本	
	局域网	
	Wi-Fi 连接	
端口	USB 端口数量	
	显示器端口类型	
	音频端口类型	

小李是数字媒体技术专业的学生,他在购买电脑时应该考虑哪些方面的性能指标?

性能指标:_____

第三步 在主流的购物网站上寻找几款性能符合小李要求的笔记本电脑,在表1.1.6中记录它们的主要性能参数及价格。

表 1.1.6　各品牌笔记本电脑对照表

序号	品牌及型号	主要性能参数	价格

第四步　推荐一款笔记本电脑。

在表 1.1.6 所列的笔记本电脑中,我推荐(填写序号)：

我的理由：

第五步　安装软件。

结合小李的专业需求,你认为他的电脑需要安装的软件有：

结合你的专业学习情况,在你的电脑中安装本专业所需的软件。

我安装的软件有：

 拓展提高

中国计算机发展史

中国计算机事业起步于 20 世纪 50 年代中期,虽然比美国晚了十几年,但是经过一代又一代科学家的艰苦努力,我国的计算机事业走过了一段不平凡的历程。现如今,我国的计算机研制水平已达到国际前沿水平。

1956 年,在周总理亲自主持制定的《十二年科学技术发展远景规划》中,就把计算机列为发展科学技术的重点之一,并在 1957 年筹建中国第一个计算技术研究所。

1957年，中国科学院计算技术研究所开始研制通用电子管数字计算机。1958年8月1日，该机成功表演短程序运行，这标志着我国第一台小型电子管数字计算机（103机）诞生，解决了大量经济和国防等领域的计算难题，填补了我国计算机技术的空白，也成为了我国计算机事业起步阶段的重要里程碑。1960年4月，小型通用电子数字计算机（107机）研制成功。1964年，第一台大型通用数字电子管计算机（119机）研制成功。

　　1965年，中国科学院计算技术研究所成功研制出了我国第一台大型晶体管计算机（109乙机）。它的定点运算速度达到9万次/秒，浮点运算速度达到6万次/秒，所用器材全部为国产。两年后，中国科学院计算技术研究所在对109乙机改进的基础上，推出了109丙机。它在我国两弹试制中发挥了重要作用，被誉为"功勋机"。

　　1973年，北京大学与北京有线电厂等单位合作研制出运算速度为100万次/秒的大型通用计算机。1974年，清华大学等单位联合设计并成功研制了DJS-130小型计算机，之后又推DJS-140小型机，1973年8月成功研制了DJS-11（即150机），从而形成了速度都在百万次级、采用集成电路器件的100系列产品，为我国的石油勘探、气象预报、军事研究、科学计算等领域做出了巨大贡献。

　　1980年初，我国不少单位也开始采用Z80、X86和6502芯片研制微机。1983年，国防科技大学研制出每秒运算速度达上亿次的银河-Ⅰ巨型机，这是我国高速计算机研制的一个重要里程碑。多年来，采用超大规模集成电路的微机产业在我国走过了一段不平凡的道路，国产微机已占领大半个国内市场。

　　2001年，中国科学院计算技术研究所研制出我国第一款通用CPU——"龙芯"芯片。"龙芯"的诞生，打破了国外长期技术垄断的局面，结束了中国近二十年无"芯"的历史。2002年，曙光公司推出完全自主知识产权的龙腾服务器。龙腾服务器采用了由曙光公司和中国科学院计算技术研究所联合研发的服务器专用主板，以及"龙芯-1"CPU、曙光Linux操作系统。该服务器是国内第一台完全实现自有产权的产品，在国防、安全等领域发挥了重大作用。

　　2010年的"天河一号A"（"天河一号"二期系统）、2013年的"天河二号"和2016年的"神威·太湖之光"，凭借"超级速度"三次位列全球超级计算机排行榜的第一位。

　　2017年5月3日，中国科学技术大学的潘建伟教授在上海宣布，由其研究团队构建的世界首台单光子量子计算机在我国诞生。

　　目前，我国已成为了国际上最大的微机生产基地和主要市场。同时，我国计算机事业的发展呈现出多元化的趋势，与国外发达国家基本同步形成了一系列新的学科。这些学科也正在快速发展，在很多领域的技术研发或产业化上，达到甚至超越了国外同期水平。

上网查找有关计算机国产化和自主可控国家战略的政策,并记录下来。

练习思考

1. 单选题

(1) 一般来说,计算机内部采用的是( )编码。
　　A. 十进制　　　　　　　　B. 八进制
　　C. 二进制　　　　　　　　D. 十六进制

(2) 3D打印机是一种( )。
　　A. 输入设备　　　　　　　B. 输出设备
　　C. 存储设备　　　　　　　D. 传输设备

(3) 以下不属于应用软件的是( )。
　　A. WPS　　　　　　　　　B. 腾讯会议
　　C. Windows　　　　　　　D. 微信

(4) 计算机的发展阶段通常是按照计算机所采用的( )来划分的。
　　A. 内存容量　　　　　　　B. 电子元器件
　　C. 程序设计语言　　　　　D. 操作系统

2. 判断题

(　　)(1) 计算机术语中的IT,表示的是计算机辅助设计。

(　　)(2) 在微型计算机中,信息的基本存储单位是字节,每个字节由2个二进制位组成。

(　　)(3) 计算机编程语言可分为汇编语言和面向过程的语言两大类。

3. 实践题

通过对网上商城的查询和对比,了解利用5 000元所能购置的台式电脑和笔记本电脑在性能上的差别。

评价总结

自查学习成果,填写表 1.1.7,已达成的打"√",未达成的记录原因。

表 1.1.7 学习成果自查表

基本情况

课前准备:_____分钟　　课堂学习:_____分钟　　课后练习:_____分钟
学习合计:_____分钟

学习成果	已达成	未达成原因
我了解了计算机的发展过程	☐	
我理解了数据在计算机内部的表示方式	☐	
我掌握了计算机系统的基本组成	☐	
我能根据需求选用合适的计算机	☐	

请结合你的专业与生活,将你在本任务中的收获、体会记录下来。

任务 1.2　探索新一代信息技术

学习目标

1. 理解新一代信息技术的内涵和各代表性技术所涉及的关键技术。
2. 了解新一代信息技术中各代表性技术的发展历程和应用领域。
3. 理解与新一代信息技术相关的各行业发展情况及产业融合的意义。

情境任务

小李在学习党的二十大报告时,看到报告中有这么一段话:"推动战略性新兴产业融合集群发展,构建新一代信息技术、人工智能、生物技术、新能源、新材料、高端装备、绿色环保等一批新的增长引擎。"同时,小李也深切地感受到了新一代信息技术为日常生活和学习所带来的各种变化。

请你帮助小李了解"新一代信息技术"的有关知识,特别是其中的一些具有代表性的技术及其应用,以及这些技术与相关产业的融合与发展情况,使他能更好地结合所学专业,为自己规划一条成为数字化人才的成长路线,为后续的就业与创新发展明确方向。

任务准备

新一代信息技术,"新"在信息技术纵深化和融合化的互相促进、信息处理泛在化和云集化的协同发展、信息服务个性化和共性化的辩证统一上。这既是信息技术的纵向升级,也是信息技术间及信息技术与相关产业的横向渗透和融合。

新一代信息技术是当今世界创新性最活跃、渗透性最强、影响力最广的领域之一,正在全球范围内引发新一轮的科技革命,并以前所未有的速度转化为现实生产力,引领科技、经济和社会的高速发展。

1. 了解人工智能的关键技术和应用场景

资料 1.2.1　　　　　　　　　　人工智能的发展与应用

1. 人工智能概述

人工智能（Artificial Intelligence，简称 AI）也称机器智能，是人类智慧与机器的结合。它的主要功能是用计算机模仿人的大脑中枢神经系统，建立起神经网络模型，以此来处理现实社会复杂多变的问题。

人工智能的发展离不开基础支持层和技术层。基础支持层包括大数据、计算力和算法；技术层包括机器学习、知识图谱、自然语言处理、人机交互、计算机视觉、生物特征识别、人工神经网络、搜索技术等。这些技术的演进使得机器能够看懂、听懂人类的世界，用人类的语言与人类交流，研究人类智能活动的规律。目前，由对较为成熟的感知智能技术（语音识别、内容识别）的应用开发所形成的"人工智能＋"将引领产业变革，成为推动社会飞跃发展的新动力。

2. 人工智能的发展

从应用层面而言，人工智能的发展可以分为三个阶段：信息搜索阶段、信息推送阶段和信息生成阶段。

（1）信息搜索阶段：人工智能的最初阶段，或者称为准人工智能阶段。这个阶段的人工智能主要以搜索为核心功能，如百度等搜索引擎。当我们遇到问题时，可以登录网络搜索引擎，输入问题或者关键字段，经过计算机网上大数据的检索，就可以得到海量数据信息。信息搜索阶段的最大优势在于，可以使用户在很短的时间内获得信息。具有搜索功能的应用产品非常多，比如专业搜索引擎中国知网，用户进入首页，输入关键词就可以获得相关文献。当然，这个阶段还需要我们投入大量精力去筛选和分析信息，才可以得到有价值的信息。

（2）信息推送阶段：人工智能发展的中间阶段，其中的"智能"成分大大增加。在信息推送阶段，用户若在互联网上关注某个话题，互联网就会有意识地根据用户关注的话题和需求不断地推送相关话题的信息，用户可以根据互联网源源不断推送的信息进行深度学习。

（3）信息生成阶段：人工智能发展的现阶段。在信息生成阶段开发出来的互联网产品，具有对信息的理解、筛选、分析、归纳、创作等功能。比如ChatGPT可以根据用户提出的关键词进行检索分析，提取出有效信息，进行归纳创作，生成相应的成果并发送给用户。

3. 人工智能的应用

在传统产业，人工智能在制造业、农业、教育、金融、交通、医疗、娱乐、公共管理等领域被广泛应用，从而不断催生出新的业态和商业模式。在新兴产业，人工智能还带动智能机器人(工业机器人、服务机器人、军用机器人、仿生机器人和网络机器人等)、无人系统(无人机、无人驾驶等)、机器翻译、虚拟现实、人工智能城市管理(如图1.2.1所示)等领域的处于产业生命周期导入期的公司进入飞跃式发展阶段。

图 1.2.1　人工智能城市的应用场景

问题探究

学习资料1.2.1 人工智能的发展与应用,记录人工智能的关键技术和应用场景。

关键技术:

应用场景:

善思

人工智能已经成为我国的发展战略。说说你在日常生活中的哪些方面用到过人工智能。

2. 了解量子信息技术的关键技术和应用场景

资料 1.2.2　　　　　　　　　量子信息技术的发展与应用

1. 量子信息技术概述

量子信息是利用微观粒子状态表示的信息。量子信息技术是以量子力学原理为基础，通过对微观量子系统中物理状态的制备、调控和观测，实现对信息的感知、计算和传输的全新的信息处理方式。量子信息技术主要包括量子计算、量子通信、量子测量和传感三大领域，在提升计算困难问题运算处理能力、加强信息安全保护能力、提高传感测量精度等方面，具备超越经典信息技术的潜力。

各国政府都高度重视量子信息技术的发展，出台了一系列的政策措施并给予资金支持，以促进量子信息技术的研究和产业化。量子信息技术也是我国战略性新兴技术之一，具有重要的战略意义和经济价值。我国在 2017 年发布了《新一代人工智能发展规划》，将量子信息与量子计算等研究列入国家部署的人工智能研发项目中，为人工智能的重大技术突破提供支撑。随着市场需求和技术进步，预计在未来的几年内，全球范围内的量子信息领域将会有更多的创新公司和投资机构涌现。

2. 量子信息技术的应用

量子信息技术的最终目标是为人类社会提供更高效、更安全、更灵敏的信息服务。为了实现这一目标，量子信息技术需要与各个行业和领域的实际需求相结合，寻找合适的应用场景和商业模式。例如，在量子计算领域，由于目前的量子计算机还无法实现通用计算，因此需要针对特定的问题和领域，如优化组合、量子化学、机器学习等，开发专用的量子算法和软件，以提高计算效率和精度。在量子通信领域，由于目前的量子通信网络还无法实现全球覆盖，因此需要与经典通信网络相结合，利用可信中继、卫星中继等技术，扩大网络规模和范围。在量子测量和传感领域，由于目前的量子设备还无法实现大规模集成和低成本制造，因此需要与传统设备相结合，利用混合系统和网络，提高测量、传感的性能和可靠性。

3. 量子信息技术的科研创新

近年来，量子信息技术领域基础科研与技术创新保持快速发展的态势，以技术攻关、样机研制、应用探索和产业生态培育为一体的体系化发展格局已经形成。加强管理部门、高校研究机构、产业公司和行业用户等多方的交流合作，探索协同创新机制，打造科研产业供应链，加强人力资源建设，已成为各国构建量子信息技术产业体系化发展格局的共识。

我国量子信息领域具备良好的科研基础，已成为全球推动量子信息技术发展的重要力量之一。从《国民经济和社会发展第十四个五年规划和 2035 年远景目标纲要》可以看出,国家高度重视量子信息技术发展与产业培育。随着国家实验室和重大科技项目等布局举措的落地实施,科研体系化布局和支持力度得到了进一步增强。

问题探究

学习资料1.2.2量子信息技术的发展与应用,记录量子信息技术的关键技术和应用场景。

关键技术:

应用场景:

3. 了解移动通信的关键技术和应用场景

资料 1.2.3　　　　　　　　　移动通信的发展与应用

1. 移动通信概述

移动通信是指通信双方或至少一方是处在移动状态下进行信息交换的通信方式。它包括移动体与固定点之间、移动体与移动体之间、移动用户与固定用户之间的通信。我们将实现移动通信的技术与设备称为移动通信系统。

第五代移动通信技术(简称5G)是新一代蜂窝移动通信技术,它的网络结构、网络能力和要求都发生了很大的变化,涉及D2D(Device-to-Device)通信技术、多天线传输技术、同时同频全双工通信技术、密集网络技术、大规模MIMO(Multiple Input Multiple Output)技术和新型网络架构等六大关键技术。

"4G改变生活,5G改变社会。"在5G时代,人与人、人与物和物与物之间的原有的互联互通界线会被打破,所有的人和物都存在于一个有机的数字生态系统里,数据或信息会通过最优化的方式进行传递。

2. 移动通信的应用

5G技术的应用不仅限于手机领域,它还面向虚拟现实(VR)或增强现实(AR)、智慧城市、智慧农业、工业互联网、车联网、无人驾驶、智能家居、智慧医疗、无人机、应急安全等领域。5G超高速上网和万物互联将产生呈指数级上升的海量数据,这些数据需要云存储和云计算,并通过大数据分析和人工智能产出价值。国际电信联盟(ITU)确定了5G应具有的三大应用场景,即增强移动宽带、大规模机器类通信和超可靠低延迟通信。

(1) 增强移动宽带(eMBB)：提升 VR、超高清视频、无线宽带等大流量业务的体验感，实现超高清视频和高速移动物体间的传输。

(2) 大规模机器类通信(mMTC)：承载大规模、高密度的物联网业务，每平方公里支持100万个设备连接，可实现智能家居、环境监测、智慧城市等功能。

(3) 超可靠低延迟通信(uRLLC)：为自动驾驶、远程医疗/手术、工业自动化等领域提供低延时、高可靠的连接业务。

图 1.2.2　5G 的三大应用场景

5G 技术的三大应用场景不仅带来了网速的提升，而且能够将无线通信技术应用到更多的地方，让许多之前停留在理论阶段或者因条件限制而刚起步的科技得到广泛的应用。5G 技术就是一场革命，它以技术为驱动，从人与人的连接延伸到万物互联，从个人和家庭延伸到社会各个领域，进而为社会经济、生活带来革命性的影响。

2019 年 11 月，中国移动研究院发布了《5G 典型应用案例集锦》报告。该报告指出，目前在国内外市场，5G 相关应用包括 10 大行业、35 个细分领域，如表 1.2.1 所示。

表 1.2.1　5G 重点应用行业及细分应用领域

政务与公用事业	工业	农业	文体娱乐	医疗
智慧政务 智慧安防 智慧城市基础设施 智慧楼宇 智慧环保	智能制造 远程操控 智慧工业园区	智慧农场 智慧林场 智慧畜牧 智慧渔场	视频制播 智慧文博 智慧院线 云游戏	远程诊断 远程手术 应急求援
交通运输	金融	旅游	教育	电力
车联网与自动驾驶 智慧公交 智慧铁路 智慧机场 智慧港口 智慧物流	智慧网点 虚拟银行	智慧景区 智慧酒店	智慧教学 智慧校园	智慧新能源发电 智慧输变电 智慧配电 智慧用电

3. 移动通信行业的发展

作为新一代移动通信技术的重要代表，5G技术的出现极大地推动了移动通信行业的发展。5G技术不仅能改变传统移动通信行业的情况，而且能为行业带来新的机遇，激发新的增长空间，推动行业更进一步发展。

移动通信行业是一个不断变化和发展的行业，市场竞争非常激烈。随着5G技术的大规模部署和普及，移动通信行业面临着技术推进、技术转型及行业整合等多重挑战，这些挑战会带来新的发展机遇。

（1）技术推进。移动通信行业持续受到新技术的推动，5G、物联网及VR、AR等前沿技术为行业带来了机遇和挑战。5G技术大大改善了移动数据服务，提高了用户的体验感；物联网技术能紧密连接各个设备，使物与物的连接得以实现；VR、AR技术在社交、媒体、智能家居、增强现实创意、游戏等方面，为移动通信行业带来了极大的增值收益。

（2）技术转型。随着用户对移动互联网的使用率越来越高，移动通信企业纷纷开始加快技术升级，以实现全面的数字化转型。从数据中心到网络、服务、运营、内容的各个环节，企业都在致力于深度数字化和智能化，服务结构也从传统的套餐化走向新的精准营销；在用户移动端开发等方面持续投入，加快AI技术的使用，以大数据为基础，通过大数据实现精准营销，增加企业收入。

（3）行业整合。随着移动通信技术的不断发展，移动通信行业正面临行业整合问题，这将为企业族群之间的协同创新提供新的动力，同时能够重组电信与电子制造行业的结构，推动智能电子产业的集成。此外，包括移动通信设备和多媒体应用在内的新技术的积累，以及以5G为代表的新兴技术，都将为移动通信行业带来新的机遇，激发新的增长空间。

总之，前景光明的移动通信行业正受到5G技术的巨大影响。它对新技术及其应用领域的投资，已形成完善的行业生态体系。

问题探究

学习资料1.2.3移动通信的发展与应用，记录移动通信的关键技术和应用场景。

关键技术：

应用场景：

4. 了解物联网的关键技术和应用场景

资料 1.2.4　物联网的发展与应用

1. 物联网概述

物联网是将各种物体连接起来的网络。它通过射频识别（RFID）、红外感应器等信息传感设备，按约定的协议，将任何物品与互联网相连接，从而进行信息交换和通信，以实现对物品的智能化识别、定位、跟踪、监控和管理。

物联网的体系结构

对于物联网的产业链，具体可细分为标识、感知、信息传送和数据处理四个环节，其中包括的核心技术主要有射频识别技术、传感技术、网络通信技术、嵌入式系统技术和云计算等。其中，以底层嵌入式设备芯片开发最为关键。

2. 物联网的应用与产业发展

物联网作为新一代信息技术的高度集成和综合运用，对新一轮产业变革和经济社会的绿色、智能、可持续发展具有重要意义。物联网的应用和发展，有利于促进生产生活和社会管理方式向智能化、精细化、网络化方向转变，极大提高了社会管理和公共服务的水平，催生出大量新技术、新产品、新应用、新模式，推动了传统产业升级和经济发展方式转变，并将成为未来经济发展的增长点。

（1）物联网的应用。物联网的应用领域非常广泛，遍及智能交通、环境保护、政府工作、公共安全、平安家居、智能消防、工业监测、环境监测、老人护理、个人健康、花卉栽培、水系监测、食品溯源和情报搜集等多个领域，对经济、社会、生活产生了极为深远的影响。物联网产业的具体应用领域可分为十大类，如图 1.2.3 所示。

图 1.2.3　物联网产业的十大应用领域

(2) 物联网的产业发展。物联网技术是支撑"网络强国"等国家战略的重要基础,在推动国家产业结构升级和优化的过程中发挥着重要作用。全球许多国家都高度重视物联网发展,正在积极进行战略布局。

近几年来,物联网加快与产业融合,成为智慧城市和信息化整体方案的主导性技术思维。物联网已由概念炒作、碎片化应用、闭环式发展进入跨界融合、集成创新和规模化发展的新阶段,与中国新型工业化、城镇化、信息化、农业现代化建设深度交汇,在传统产业转型升级、新型城镇化和智慧城市建设、提高人民生活质量等方面发挥了重要作用。

我国物联网产业发展总体向好,已形成包括芯片和元器件、软件、电信运营、物联网服务等领域在内的较为完善的产业链,长三角、珠三角、环渤海地区以及四川、重庆等中西部地区已成为我国物联网产业发展集聚区,分布了一批具有较强竞争力的企业和研发机构。

我国已发展形成一批层级化、区域化的物联网产业联盟,有效地推动了地方资源整合和产业链分工优化,成为促进物联网快速发展的重要推手。例如,中关村物联网产业联盟积极推进物联网产品开发、系统集成、行业标准制定、应用示范推广等方面的工作。天津市物联网产业联盟致力于围绕产学研合作,建立以自主知识产权为核心的产业链。上海物联网产业联盟力图形成企业优势互补、资源共享、协同发展的格局。此外,各地区还根据自身发展情况,设立具有区域特色的产业联盟。例如,深圳智能视觉物联网产业技术创新战略联盟致力于智能安防的研究与应用推广,北京汽车物联网产业联盟致力于将物联网技术应用到汽车领域。这些物联网产业联盟从更加专业的角度设置联盟的组织架构与发展目标,从而促进物联网特色技术研发、产业发展和应用推广。

问题探究

学习资料1.2.4 物联网的发展与应用,记录物联网的关键技术和应用场景。

关键技术:

应用场景:

5. 了解大数据的关键技术和应用场景

资料 1.2.5 　　　　　　　　　　　　**大数据的发展与应用**

1. 大数据概述

大数据是指无法在一定时间范围内用常规软件工具进行捕捉、管理和处理的数据集合，是需要新处理模式才能具有更强的决策力、洞察力和流程优化能力的海量、高增长率和多样化的信息资产。

大数据技术是指从各种类型的数据中快速获得有价值的信息的技术。它是根据特定目标，在对数据的采集、清洗、处理、存储、建模、分析、预测、可视化展示等过程中采取的一系列技术，包括大数据收集技术、大数据预处理技术、大数据存储技术、大数据计算技术、大数据分析技术、大数据挖掘技术、大数据可视化技术和大数据安全技术。

2. 大数据的行业应用与产业发展

（1）大数据的行业应用。大数据的战略意义不在于掌握庞大的数据信息，而在于对这些含有意义的数据进行专业化的处理和加工，并应用于各行各业，从而实现数据的增值。

① 政务服务。政府掌握着数量庞大的核心数据。通过对这部分数据的集中整合、互惠互享和深度应用，可以实现"一网、一门、一次"的政务服务新模式，对提升"互联网＋政务服务"的效能具有重要意义。比如：上海政务的移动端APP"随申办"，已实现了面向个人和法人办事的指南查询、在线预约、亮证扫码、进度查询等功能。

② 零售行业。大数据可以帮助零售企业运用现有的数据资源进行营销分析，进而采取有效的精准营销策略，即根据客户的个性化需求提供有针对性的服务，增强客户的忠诚度。另外，现在的电商行业拥有海量的用户数据、商品数据和交易数据，是"天然"的大数据公司。当今电商企业均高度重视数据的利用，通过大数据平台深入了解用户的状态、爱好、需求等，从而提供商品推荐、购买建议等有针对性的服务。

③ 金融行业。金融行业高度依赖信息数据，需要应用大数据技术收集、处理、分析金融数据，对数据进行挖掘提取，寻找其中有价值的信息，并将这些信息转化为知识，帮助公司做出及时、准确的决策。随着全球金融行业竞争的进一步加剧，金融创新已成为影响金融企业核心竞争力的主要因素。有数据显示，95％的金融创新都极度依赖信息技术，因为大数据可以帮助金融公司分析历史数据，寻找其中的金融创新机会。

④ 医疗行业。医疗保健行业正在产生大量的数据，这些数据是由临床记录、医疗保健，以及法规的遵循和监管需求驱动而产生的，包括影像图片、电子病历、病例报告、治疗方案、药物报告等。通过对这些数据的整理和分析，能够极大地辅助临床决策、医院管理、疾病检测、实时统计分析、药物研究等。在医学领域，利用大数据可以预测流行病、治疗疾病、降低医疗成本和让患者享受到更加便利的服务，同时也可以提高医疗机构的利润，减少开销。

⑤ 教育行业。教育部门正在利用大数据改善教学体验，通过混合式学习的方式来实现教育大数据的获取、存储、管理和分析，为教师的教学方式构建全新的评价体系，改善教与学的体验。此外，为提高教学水平，教育部门应用数据挖掘和学习分析工具，为教学改革发展提供持续完善的系统和应用服务。

⑥ 电信行业。电信行业在同质化竞争日趋激烈的背景下需要重新思考精准定位问题,以差异化经营在电信行业竞争中谋求发展。电信企业通过应用大数据技术,可以发现用户群体的行为特征及潜在的应用需求,由此制定差异化营销策略,创造出更多新兴服务。电信企业对于用户的理解越深入,所设计的产品也就越精准,从而能够留住现有客户、获取新客户,并能从客户身上获得最大价值。

⑦ 交通行业。大部分城市都会有自己的交通大数据平台,以对本市的交通数据进行全局、实时的监测和分析,自动调配公共资源,完善城市运行中存在的问题。通过实时监测各道路车辆的流动数据,可以识别各个时段的道路拥堵程度,从而制定相应的策略,缓解城市交通堵塞情况。

(2) 大数据的产业发展。当前,数据已成为重要的生产要素。大数据产业作为以数据生成、采集、存储、加工、分析、服务为主的战略性新兴产业,是激活数据要素潜能的关键支撑,是加快经济社会发展质量变革、效率变革、动力变革的重要引擎。2021年11月30日,我国工业和信息化部发布的《"十四五"大数据产业发展规划》指出,大数据产业有五个发展目标。

① 产业保持高速增长。到2025年,大数据产业测算规模突破3万亿元,年均复合增长率保持在25%左右,创新力强、附加值高、自主可控的现代化大数据产业体系基本形成。

② 价值体系初步形成。数据要素价值评估体系初步建立,要素价格由市场决定,数据流动自主有序,资源配置高效公平,培育一批较成熟的交易平台,市场机制基本形成。

③ 产业基础持续夯实。关键核心技术取得突破,标准引领作用显著增强,形成一批优质大数据开源项目,存储、计算、传输等基础设施达到国际先进水平。

④ 产业链稳定高效。数据采集、标注、存储、传输、管理、应用、安全等全生命周期产业体系统筹发展,与创新链、价值链深度融合,新模式新业态不断涌现,形成一批技术领先、应用广泛的大数据产品和服务。

⑤ 产业生态良性发展。社会对大数据认知水平不断提升,企业数据管理能力显著增强,发展环境持续优化,形成具有国际影响力的数字产业集群,国际交流合作全面深化。

问题探究

学习资料1.2.5大数据的发展与应用,记录大数据的关键技术和应用场景。
关键技术:

应用场景:

6. 了解区块链的关键技术和应用场景

资料1.2.6 　　　　　　　　　　**区块链的发展与应用**

1. 区块链概述

区块链是一种由多方共同维护,使用密码学技术保证传输和访问安全,能够实现数据一致存储、难以篡改、防止抵赖等功能的记账技术,也称为分布式账本技术。它的特点是保密性强、不可篡改和去中心化。

什么是区块链

区块链技术本身并不是一种全新的技术,而是集成了密码学、分布式系统、共识机制、博弈论等多种技术的新型组合。同时,它还包括以区块链为底层技术环境的智能合约技术,以及实现区块链互联互通、提升可扩展性的跨链技术。

2. 区块链的应用与产业发展

(1) 区块链的应用场景。近年来,各国在大力促进区块链技术发展的同时,也在加速设立和优化相关监管机制,以确保区块链的应用环境公平有序。区块链技术不仅可以应用于数字货币领域,同时还可以广泛应用于金融服务、智能制造、物联网与供应链管理、文化娱乐及传媒、政府管理和民生公益等多个领域。

① 数字货币。数字货币是最早,也是迄今为止最成功的区块链应用场景。数字货币源自电子支付,由电子货币、虚拟货币演化而来,而又逐渐与它们分离。数字货币具有无形、低成本等特性,其发行量较难确定。为此,目前采用技术锚定的方式,以信息技术容量为限来解决数字货币发行量的问题。依据数字货币的设计规则,用户通过一种俗称"挖矿"的激励机制来获得数字货币,数字货币的价值则由"挖矿"消耗的计算处理能量转化而来,这样就可以将数字货币的发行量与网络技术处理能力挂钩。

② 金融服务。区块链的核心创新点在于去中心化信用,能够不依靠中心机构的信用背书来建立金融市场,成为"金融脱媒"的重要实践,对传统金融机构、金融服务模式产生了极大冲击。区块链在金融领域的应用体现在证券与银行业务、资产管理、贸易融资、保险业务、反洗钱业务和票据交易等方面。

③ 智能制造。区块链技术的广泛应用不仅可以弥补传统制造业的不足,降低生产成本,提升利润率,而且可以帮助制造业建立安全完整的数据库、产品信息追溯链,加快制造业的转型升级。区块链技术可以让供应链系统,以及从原材料到制造、测试和成品的生产链变得更加透明、实时和可见,以便制造商能够快速检测产品并解决突发问题,减少设备停机时间。利用智能合约,可以实现订单的发布、采购,更快响应生产需求,加速业务流程并获得更高的运营效率。

④ 物联网与供应链管理。区块链与物联网的融合,正成为数据共享、协同创新、柔性监管的新模式和新范式。区块链与供应链的融合,能够提高供应链端到端的数据透明

度,降低成本和风险,同时有效解决信息孤岛现象,打通采购、生产、物流、销售、监管等一系列环节。

⑤ 文化娱乐及传媒。文化娱乐及传媒业涵盖数字音乐、数字图书、数字视频、数字游戏等,存在着大量的可复制的数字资产,容易出现篡改、盗版及交易纠纷等问题。利用区块链的不可篡改和公开透明等技术特性,可以实现针对这些数字资产的版权证明、保护、支付等功能,同时还能大幅提高相关流转的安全性和隐私性。同时,在实现粉丝经济最大化、解决版权管理难题、实现完全创收等方面颠覆现有的娱乐产业格局。

⑥ 政府管理。区块链政务应用涉及数字身份、电子存证、电子票据、产权登记、工商注册、数据共享、行政审批等诸多场景。此外,区块链技术在政府管理领域的应用还体现在选举投票、智能监管和督促廉政等方面。

⑦ 民生公益。我国政府积极探索"区块链+"在民生领域的运用,推动区块链技术在教育、就业、养老、精准脱贫、医疗健康、商品防伪、食品安全、公益、社会救助等领域的应用,以为人民群众提供更加智能、便捷、优质的公共服务。民生公益与区块链的结合,集中体现在区块链的不可篡改和高透明度的特征上,让区块链真正成为"信任的机器",让社会公益的运作"在阳光下进行"。

(2) 区块链与其他产业的融合。我国区块链产业目前正处于高速发展阶段,创业者和资本不断涌入。区块链的应用正在加快落地,以助推传统产业的高质量发展,加快产业转型升级。此外,区块链技术正在衍生新业态,可以与其他产业进行融合,从而推动这些产业的发展。

① 金融业。区块链技术可以应用于金融领域,如跨境支付、证券交易、保险等领域。通过区块链技术,这些交易可以更加安全、透明和高效。

② 供应链管理。区块链技术可以应用于供应链管理领域,通过区块链技术可以追溯货物的来源和流向,提高供应链的透明度和效率。

③ 物联网。区块链技术可以与物联网技术相结合,实现物联网设备之间的安全通信和数据共享。

④ 数字版权。区块链技术可以用于数字版权的保护和管理,以及确权、存证和追溯数字内容的版权信息。

⑤ 医疗保健。区块链技术可以与医疗保健领域相结合,实现病人数据的共享和保护,提高医疗保健服务的质量和效率。

⑥ 公共服务。区块链技术可以应用于公共服务领域,如身份认证、公共记录保管等,提高公共服务的质量和效率。

总之,区块链技术可以与其他产业进行融合,从而推动这些产业的发展。未来,随着技术的不断进步和应用场景的不断扩展,区块链技术的应用将会更加广泛和深入。

问题探究

学习资料 1.2.6 区块链的发展与应用,记录区块链的关键技术和应用场景。

关键技术:

应用场景:

任务实施

第一步 体验人工智能语言模型的应用。

2022年年底,横空出世的ChatGPT(一款聊天机器人程序)成为了人工智能行业的热门话题。国内类似ChatGPT的APP应用也比较多,如百度的"文心一言"、讯飞的"讯飞星火"等。请你尝试利用这两款APP创作一首有关"大学生信息素养"的七言诗句。

文心一言	讯飞星火

当你在使用此类人工智能语言模型时,设计一个合适的询问话题是最为重要的。请与同学交流一下:如何更好地设计询问话题或关键词?

我们的结论:

第二步 分析网上购物所涉及的新一代信息技术。

对于我们来说,网上购物已经是一种生活常态,包括选购商品、咨询客服、下单支付、追踪物流、完成签收、售后服务等各个环节。请你分析一下,在整个网上购物的过程中,会涉及哪些新一代信息技术,并将结果填入表1.2.2中。

表1.2.2 新一代信息技术的应用场景

新一代信息技术	应用场景

新一代信息技术和其他产业的融合发展,必将影响未来的就业市场。请结合自己所学的专业与同学讨论一下:新一代信息技术会对就业市场和岗位产生哪些影响?

💬 我们的结论:

第三步 归纳整理自己在本任务学习到的知识,以及所学专业与新技术的结合点。

我学到的:

所学专业与新技术的结合点:

和同学讨论一下:在新一代信息技术中,除了前文已经提及的具有代表性的技术外,还有哪些未提及的新技术?

💬 我们的结论:

拓展提高

原子钟技术

计算机或设备之间的时间不同步会直接影响数据的协同及运算的解释，给科研和生产带来很大的不便。原子钟技术就是一种时间同步技术。原子钟是利用一种稳定的物理过程来确定时间，并将其转化为时间标准的设备。原子钟技术的核心是基于原子的射频共振技术，即利用原子的跃迁特性，通过电磁波的激励，周期性地在两个能级之间转换，不断输出固定频率的辐射信号，从而实现时间的精确测量。

原子钟技术在卫星导航、通信、地球物理、气象预报、天文观测等领域都有着广泛的应用。其中最为典型的应用就是卫星导航领域的 GPS 系统（全球定位系统）。GPS 通过卫星上安装的原子钟实现了高精度的时间同步，为用户提供更加准确的导航服务。

另外，在天文观测和精密测量领域，原子钟技术也有着很大的应用价值。例如，天文观测需要进行红移、蓝移等测量，通过原子钟技术，提升了天文观测的精度和可靠性。

原子钟技术在国际上一直是一个竞争激烈的领域，世界各国积极投入研发。我国也一直在该领域中努力追赶，不断提升自身的技术水平。自 20 世纪 60 年代起，中国科学院上海光学精密机械研究所的科研团队就开始了原子钟方面的研究。1979 年，团队成功研制出中国第一台铷原子钟，为国家导弹发射、远距离测量、通信等领域做出了重要贡献。进入 21 世纪后，随着激光冷却原子技术的发展，科研团队开始研制空间冷原子钟，经过 10 多年的艰苦努力，中国第一台空间冷原子钟研制成功。在 2016 年发射的天宫二号载人航天飞行器上，就搭载了空间冷原子钟，成为国际上第一台在轨进行科学实验的空间冷原子钟。

练习思考

1. 单选题

(1) 人工智能的目的是让机器能够（　　），以实现某些脑力劳动的机械化。

　　A. 具有完全的智能　　　　　　B. 和人脑一样考虑问题
　　C. 完全代替人　　　　　　　　D. 模拟、延伸和扩展人的智能

(2) 利用微观粒子状态表示的信息被称为（　　）。

　　A. 比特信息　　B. 模糊信息　　C. 量子信息　　D. 自然信息

(3) 第五代移动通信技术是新一代（　　）移动通信技术。

　　A. 蜂窝　　　　B. Wi-Fi　　　　C. WAPI　　　　D. 蓝牙

(4) 通过传感器或移动设备对人的生理情况进行捕捉,发展数字化医院。这是物联网在（　　）中的应用。

　　A. 智慧制造　　　B. 智慧物流　　　C. 智慧交通　　　D. 智慧医疗

(5) （　　）产业联盟的成立,能有效推动地方资源整合和产业链分工优化,成为促进物联网技术研发、产业发展和应用推广的重要推手。

　　A. 人工智能　　　B. 物联网　　　C. 大数据　　　D. 云计算

(6) （　　）不属于大数据预处理技术。

　　A. 数据可视化　　B. 数据抽取　　C. 数据清洗　　D. 数据集成

(7) 政府掌握着数量庞大的核心数据,利用（　　）和方法创新,能有效提升"互联网+政务服务"的效能。

　　A. 大数据技术　　　　　　　　B. 物联网技术
　　C. 人工智能技术　　　　　　　D. 区块链技术

(8) 区块链是指通过去中心化和去信任的方式集体维护一个可靠数据库的技术方案,以实现从信息互联网到（　　）的转变。

　　A. 数据互联网　　　　　　　　B. 货币互联网
　　C. 信用互联网　　　　　　　　D. 价值互联网

2. **判断题**

（　　）(1) 人工智能从应用层面而言,可以分为三个阶段:信息搜索阶段、信息生成阶段和信息应用阶段。

（　　）(2) 人工智能技术的演进使得机器能够看懂、听懂人类的语言,与人类交流,研究人类智能活动的规律。

（　　）(3) 量子信息技术的最终目标是为人类社会提供更高效、更安全、更灵敏的信息服务。

（　　）(4) 移动通信中的"移动"主要指的是移动设备。

（　　）(5) 物联网传感器既可以单独存在,也可以与其他设备连接。它在感知层中具有两方面的作用:一个是识别物体,另一个是信息采集。

（　　）(6) 物联网在传统产业转型升级、新型城镇化和智慧城市建设、提高人民生活质量等方面发挥了重要作用。

（　　）(7) 大数据安全一方面指的是如何保障大数据本身的安全,另一方面指的是如何利用大数据技术来提升安全。

（　　）(8) 大数据的战略意义不是在于掌握庞大的数据信息,而是在于对这些含有意义的数据进行专业化的处理和加工,并应用于各行各业,从而实现数据的增值。

（　　）(9) 区块链技术利用去中心化信用,可实现订单的发布、采购,从而更快响应生产需求,加速业务流程并获得更高的运营效率。

3. 实践题

我国已经连续多年在上海举办世界人工智能大会,请登录其官网(https://www.worldaic.com.cn),了解每一届大会的情况。

 评价总结

自查学习成果,填写表1.2.3,已达成的打"√",未达成的记录原因。

表1.2.3 学习成果自查表

基本情况

课前准备:_____分钟　　课堂学习:_____分钟　　课后练习:_____分钟
学习合计:_____分钟

学习成果	已达成	未达成原因
我了解了新一代信息技术的含义和发展历程	☐	
我知道了各代表性技术的定义和关键技术	☐	
我了解了各代表性技术的应用和产业融合情况	☐	
我知道了新一代信息技术的发展对整个国民经济发展的重要性	☐	

请结合你的专业与生活,将你在本任务中的收获、体会记录下来。

_____
_____
_____
_____
_____
_____

任务 1.3 制定信息素养宣言

学习目标

1. 理解信息素养的基本概念及主要要素。
2. 了解信息伦理的相关法律法规。
3. 了解职业行为自律的要求。
4. 掌握提升信息素养的方法。
5. 能遵守信息社会责任。

情境任务

随着互联网的普及，信息的传播速度得到了前所未有的提高，人们获取信息的渠道变得更为多样化。然而，在这股信息潮流中，虚假信息也逐渐泛滥。对于充斥着网络虚假信息的互联网环境，你是不是也不堪其扰？2024年，中央网信办组织"清朗"系列专项行动，针对打击违法信息外链、整治"自媒体"无底线博流量、规范生成合成内容标识、规范网络语言文字使用等方面问题开展整治。那么，在当今社交媒体高度发达的背景下，作为大学生的我们需要如何规范自己的行为呢？

请制定一份信息素养责任宣言，内容包括你对信息素养与社会责任的理解，以及自己将如何履行这些责任的承诺。

任务准备

1. 了解信息素养

资料 1.3.1　　　　　　　　信息素养的提出与发展

1974年，美国信息产业协会主席保罗·泽考斯基（Paul Zurkowski）在给美国图书馆与信息科学委员会所作的报告中，首次提出了信息素养的概念。他认为，信息素养是利用大量的信息工具及主要信息源使问题得到解答的技能。这个定义的内涵有三个方面:一是在具体问题中使用相关信息;二是具有利用信息工具和主要信息源的知识与技能;三是利用信息的目的是解决具体问题。简单地说,信息素养就是获取、评价以及使用信息资源的能力。1976年,黎·伯奇纳(Lee Burchinal)提出,一个具备信息素养的人需掌握一系列新的技能,包括高效地检索与利用所需信息解决实际问题的能力。1979年,罗伯特·泰勒(Robert Taylor)认为,信息素养应包含以下几方面的因素:在大部分的问题解决方案中使用恰当的事实与信息;各种可获得信息源的基础知识;信息的存储组织是一个持续的过程,它与用户的信息需求同样重要;必须掌握信息获取的策略与方法。由此可见,信息素养被看作是一种掌握并利用信息的技能。

1989年,美国图书馆协会(ALA)和美国教育传播与技术协会(AECT)提出了被广泛接受和使用的信息素养定义:具有信息素养的人能够知道什么时候需要信息,能够有效地获取、评价和利用所需要的信息。这个概念指出了信息素养的四个基本点:信息素养是一种技术与技能;信息素养的技术与技能是运用信息工具与主要信息源的知识与技能;是否具备信息素养的标准是能否利用信息解决问题;信息素养需要培养。其中,运用信息工具与主要信息源的知识与技能以及能否解决问题,是信息素养的核心。

问题探究

(1) 学习资料 1.3.1 信息素养的提出与发展,将下列表述补充完整。

1974年,美国信息产业协会主席保罗·泽考斯基在给美国图书馆与信息科学委员会所作的报告中,首次提出了信息素养的概念。他认为,信息素养是利用大量的信息工具及主要信息源使问题得到解答的技能。简单地说,信息素养就是 ＿＿＿＿＿ 、 ＿＿＿＿＿ 以及 ＿＿＿＿＿ 的能力。

1989年,美国图书馆协会和美国教育传播与技术协会提出了被广泛接受和使用的信息素养定义:具有信息素养的人能够知道 ＿＿＿＿＿ ,能够有效地 ＿＿＿＿＿ 、 ＿＿＿＿＿ 和 ＿＿＿＿＿ 所需要的信息。

(2) 请在网络上搜集国内有关"信息素养"的学术观点,并记录下来。

时间	提出者	主要观点

2. 懂得信息伦理，了解相关法律法规与职业行为自律的要求

资料 1.3.2　　　　　　　　《生成式人工智能服务管理暂行办法》

随着我国生成式人工智能技术（具有文本、图片、音频、视频等内容生成能力的模型及相关技术）的发展，相关监管政策也在逐步落实。2023 年 8 月 15 日，由国家发展和改革委员会、教育部、科学技术部、工业和信息化部、公安部、国家广播电视总局联合发布的《生成式人工智能服务管理暂行办法》（以下简称《办法》）正式实施。《办法》共分五章，分别为总则、技术发展与治理、服务规范、监督检查和法律责任、附则，旨在促进生成式人工智能的健康发展和规范应用，维护国家安全和社会公共利益，保护公民、法人和其他组织的合法权益。该《办法》突显了具有中国特色的人工智能治理之道，为世界人工智能治理贡献了中国智慧。

《生成式人工智能服务管理暂行办法》全文

问题探究

（1）学习资料 1.3.2《生成式人工智能服务管理暂行办法》，将下列表述补充完整。

生成式人工智能服务提供者（以下简称提供者）应当　　　　　开展预训练、优化训练等训练数据处理活动。提供者应当明确并公开其服务的适用人群、场合、用途，指导使用者　　　　和　　　　生成式人工智能技术，采取有效措施防范未成年人用户或者　　　　生成式人工智能服务。提供者发现违法内容的，应当及时采取停止生成、停止传输、消除等处置措施，采取模型优化训练等措施进行整改，并向有关主管部门报告。

生成式人工智能服务使用者发现生成式人工智能服务不符合法律、行政法规和本办法规定的，有权向有关主管部门投诉、举报。

（2）上网查找《中国互联网行业自律公约》，将下列表述补充完整。

互联网行业自律的基本原则是　　　　、　　　　、　　　　、　　　　。

自觉遵守国家有关互联网发展和管理的法律、法规和政策，大力弘扬　　　　和　　　　的道德准则，积极推动互联网行业的　　　　。

互联网信息网络产品制作者要尊重他人的　　　　　　　　。

任务实施

第一步　分析案例①。

---

① 案例来源：中央网信办（国家互联网信息办公室）违法和不良信息举报中心。

案例1：2020年6月，我国南方持续强降雨，因其影响范围广、持续时间长、极端性强而引发网友的关注和热议，但同时一些趁机蹭热度的谣言也开始在社交媒体发酵。科普团队主动出击，在对主要谣言如"180年周期白元年""地球引力场、磁场紊乱""地质、气候巨大灾难"等进行收集后，迅速联系到空间天气信息权威发布单位——中国气象局国家空间天气预报台。预报台组织专家团队进行讨论，最后以专业的空间天气和天气气候知识逐一进行"硬核科普"，收获了网友的点赞和好评。

案例2：2021年10月15日，教育部印发通知，决定在12个省市区建立教育部基础教育综合改革实验区。通知发布后，网络上开始流传关于"缩短学制"的谣言并有发酵趋势。教育部及时关注到此现象，通过政务新媒体等平台再次进行权威发布，就"综合改革实验区"的定位、功能做出进一步说明，同时整合推送相关辟谣声明，以正视听，及时回应。

案例3：2022年年底，社会上出现扫码领取社保补贴的骗局。骗子假借公司人事部门的名义向员工发送邮件，谎称国家将发放社保补贴或者劳动补贴，要求大家扫码办理。为了获取信任，骗子还在邮件中假冒人力资源和社会保障部门户网站，制作了假的悬浮窗口，让大家点击填写，骗取钱财。关注到上述骗局后，人力资源和社会保障部宣传中心迅速策划制作短视频，并在官方抖音号及时发布，直击骗局，提醒公众不要上当，有力阻断谣言传播。

(1) 通过分析以上案例，归纳虚假信息的共同点，并记录下来。

(2) 你有没有被虚假信息欺骗过？记录你收到过的虚假信息。

(3) 虚假信息会带来哪些危害？我们该如何应对？

危害：

应对方法：

善思

网络对于虚假信息的传播起到了什么作用？我们身处信息社会，应该怎么甄别信息呢？

💬 作用：

💬 甄别方法：

第二步 记录你昨天进行的各项日常活动及其时长。

表 1.3.1 日常活动时间表

活动安排	时长（小时）	活动安排	时长（小时）
学习		与家人、朋友聊天	
运动		网络冲浪或游戏	
完成课后作业		用餐	
参加社团活动		睡眠	

问题：自己一天中的上网时长是否合适？是否需要调整？
☐合适　☐不合适

调整方案：

第三步 请记录高等职业院校学生需要具备的信息素养。

需要具备的信息素养：

第四步 请制定一份信息素养责任宣言，包括你对信息素养与社会责任的理解，以及自己将如何履行这些责任的承诺。

信息素养责任宣言

1. 我理解的信息素养与社会责任

2. 我的承诺

对于你的专业来说,你将来从事的职业需要具备哪些职业素养?

💬 需要具备的职业素养:

 拓展提高

警惕利用人工智能技术进行新型犯罪

随着人工智能技术的飞速发展,一些不法分子开始利用该技术进行违法犯罪活动,给网络安全带来了严峻挑战。

2023年6月,浙江绍兴上虞区警方发现有网民发布了关于上虞工业园区发生火灾的视频,浏览量在短时间内迅速上升。视频中,上虞区一工业园区内火势猛烈,整个园区被浓烟覆盖,现场不时传出爆炸声,场面惊心动魄。

经民警核查发现,视频中的建筑、森林大火场景,并非该工业园区的真实场景,疑似源自其他视频。经分析,民警判断该视频是利用人工智能合成技术,将网络上多段不同视频进行剪辑拼接而成的。警方经侦查,认定某网络科技公司员工有较大作案嫌疑,立刻赴该公司所在地抓获包括汤某在内的3名犯罪嫌疑人。

"犯罪嫌疑人首先在网上搜集热门话题,通过生成式人工智能服务自动生成脚本,在网上抓取相关视频片段,然后利用AI软件合成完整视频,配上音乐、字幕。不到1分钟,一段虚假视频便'新鲜出炉'。"上虞区分局民警介绍道。为获得流量、博人眼球,自2023年5月以来,该团伙不断利用人工智能技术制作虚假视频、散布谣言,在网上发布未经核实的虚假视频共3000多个。

不法分子滥用人工智能技术,给社会带来了严重危害,也触犯了相关法律。警方介绍:"根据法律规定,使用人工智能技术制作、散布虚假信息,扰乱社会秩序,可能构成编造、故意传播虚假信息罪。利用人工智能合成技术破解他人账号、窃取他人个人信息,则可能构成侵犯公民个人信息罪。此外,如果利用人工智能等技术手段做出欺凌、恐吓、威胁等行为,就可能构成寻衅滋事罪。"

人工智能技术操作简单、可定制性强、应用场景广泛,降低了链条式犯罪的难度,被黑客等不法分子利用后危害性极大。据介绍,对人工智能技术产生的新应用、新业态,公安机关坚守价值引领与技术"纠错"并行的原则,在保护人工智能技术健康发展的同时,防范打击利用人工智能技术侵犯公民权利、危害公共安全的新型案件,维护风清气正的网络环境,全力保障网络空间安全。[1]

对于人工智能的发展,有人认为是利大于弊,而有人则认为是弊大于利。中央网信办于2023年10月发布了《全球人工智能治理倡议》,请结合该倡议内容谈谈你对这一问题的思考。

《全球人工智能治理倡议》全文

 练习思考

1. 单选题

(1) 信息素养的提升有助于(　　)。
  A. 提高学习效率　　　　　　B. 提高工作效率
  C. 提高生活质量　　　　　　D. 以上都是

(2) 如果你知道某个同学被误解或诬陷,你会(　　)。
  A. 不理会,因为这不是自己的事　　B. 私下帮助同学澄清误会
  C. 公开支持同学并帮助他(她)解决问题　　D. 安慰同学,让他(她)不要在意

(3) 虚假新闻对社会可能造成的影响是(　　)。
  A. 提高公众的新闻素养　　　　B. 造成社会恐慌和混乱
  C. 增加新闻媒体的可信度　　　　D. 促进社会和谐发展

(4) 如果你在社交媒体上看到一篇含有虚假信息的文章,你应该(　　)。
  A. 转发该文章,让更多人知道
  B. 忽略它,因为你无法确定真相
  C. 私下联系作者并指出错误
  D. 举报该文章,以防更多人受到误导

2. 判断题

(　　)(1) 信息社会责任的履行需要企业和个人在传播和利用信息时谨慎思考,避免传播不实信息或参与信息造假。

(　　)(2) 在职场中,道德和诚实比个人利益更重要。

(　　)(3) 当你发现公司的产品存在质量问题时,你应该选择保持沉默,以免引起麻烦。

---

[1] 资料来源:《人民日报》,2023年10月26日第18版。

(　　)(4) 信息素养是一种静态的能力,一旦掌握了就不需要再进行提升。

3. 思考题

请尝试用 AI 技术撰写一份主题为"坚守健康的生活情趣"的倡议书。

评价总结

自查学习成果,填写表 1.3.2,已达成的打"√",未达成的记录原因。

表 1.3.2　学习成果自查表

基本情况		
课前准备:_____分钟	课堂学习:_____分钟	课后练习:_____分钟
学习合计:_____分钟		

学习成果	已达成	未达成原因
我理解了信息素养的基本概念及要素	□	
我了解了有关信息伦理的法律法规	□	
我知道提升信息素养能力的路径与方法	□	
我能有效辨别虚假信息	□	
我能履行信息社会责任	□	

请结合你的专业与生活,将你在本任务中的收获、体会记录下来。

任务 1.4　成为一名数字化人才

学习目标

1. 理解数字化人才的内涵和数字化人才的成长路径。
2. 理解企业数字化转型的内涵和意义。
3. 了解知名企业数字化转型的过程。
4. 能主动提升个人的数字化能力。

情境任务

某家居公司发现，近年来线下门店的客人越来越少，于是决定进行数字化转型。为此，公司计划招聘一位数字化人才，负责制定和实施公司的数字化转型工作。小李在了解到该信息后想去应聘。你能从企业数字化转型和个人数字化能力提升两个方面给他提一些建议吗？

任务准备

1. 了解数字化人才培养的政策

资料 1.4.1　《提升全民数字素养与技能行动纲要》

中央网络安全和信息化委员会于 2021 年 11 月 5 日印发《提升全民数字素养与技能行动纲要》（以下简称《行动纲要》），旨在提升全民数字素养与技能。《行动纲要》围绕七个方面部署了主要任务：①丰富优质数字资源供给；②提升高品质数字生活水平；③提升高效率数字工作能力；④构建终身数字学习体系；⑤激发数字创新活力；⑥提高数字安全保护能力；⑦强化数字社会法治道德规范。

《提升全民数字素养与技能行动纲要》全文

问题探究

学习资料 1.4.1《提升全民数字素养与技能行动纲要》，将下列表述补充完整。

数字素养与技能是数字社会公民学习工作生活应具备的数字获取、制作、使用、评价、交互、分享、创新、安全保障、伦理道德等一系列素质与能力的集合。提升全民数字素养与技能，是顺应_____要求，提升国民素质、促进人的全面发展的战略任务，是实现从_____迈向_____的必由之路，也是弥合数字鸿沟、促进共同富裕的关键举措。

2. 了解企业数字化转型

资料 1.4.2　　　　　　　　　　企业数字化转型

随着新一代信息技术的发展和融合，传统企业正在热火朝天地进行数字化转型。企业数字化转型旨在以信息技术为基础，建立一个与物理世界对应的数字世界。在数字化转型的过程中，数据是核心，人工智能是手段，云服务是形式，企业组织制度、流程的优化与重构以及人才的数字素养是保障。

企业数字化转型

在企业数字化转型的过程中，物联网、云计算、大数据、人工智能和区块链等技术不断地融入企业的各个环节中。

1. 什么是数字化转型

数字化转型是建立在数字化转换、数字化升级的基础上，进一步触及公司核心业务，通过开发数字化技术及支持工具，以新建一个富有活力的数字化商业模式为目标的高层次转型。

具体来说，数字化这个概念经历了三个发展阶段：

（1）数码化（Digitization）：不是改变事物本身，而是改变事物的存在或存储形式，使之能够被计算机处理，如将纸质文件扫描为电子文件、将相片存储为电子格式等。

（2）数字化（Digitalization）：强调的是数字技术对商业的重塑，信息技术能力、数字技术能力不再只是单纯地解决企业的降本增效问题，而是成为赋能企业商业模式创新和突破的核心力量。

（3）数字化转型（Digital Transformation）：利用数字化技术（如大数据、云计算、人工智能等）推动企业对业务模式、组织架构、企业文化等方面的变革，如衍生出智能制造、智慧城市等概念。

数字化转型是发展数字经济的一环，其目标是提高企业的运行效率、实现产业高质量发展、优化现有经济结构和构建数字经济体系。

2. 企业数字化转型的意义

企业的数字化转型是指企业利用数字技术和创新的方式,重新设计和改造其业务流程、组织结构、产品和服务,以提高效率、创造价值和适应不断变化的市场环境。它是企业为了应对数字时代的挑战和机遇,从传统模式向数字化和智能化方向转变的过程。企业数字化转型的意义有以下几个方面。

（1）创新和竞争力。数字化转型要求企业进行创新,鼓励企业采用新技术和数字化工具开发新产品、新服务和新业务模式。这种创新可以帮助企业在市场上获得竞争优势,并为客户提供独特的价值。通过数字化转型,企业可以更好地了解市场需求和客户行为,从而更快地响应市场变化,并提供符合客户期望的解决方案。

（2）数据驱动决策。数字化转型使企业能够收集、存储和分析大量的数据。通过对数据的深入分析,企业可以获得有关市场趋势、客户行为、产品性能等方面的信息。基于数据驱动的决策,企业可以更准确地预测市场需求、优化产品和服务,以及制定更明智的发展战略。

（3）改善客户体验和提供个性化服务。数字化转型可以改善客户体验,提供更便捷、个性化的服务。通过数字渠道和移动应用,企业可以与客户更紧密地互动,满足其个性化需求。通过数字化转型,企业可以提供跨渠道服务,使客户能够无缝地在不同渠道上购物、支付和与企业互动。

（4）效率和成本优化。数字化转型可以帮助企业提高内部运营效率,降低成本。自动化工具和数字化流程可以减少人工错误,提高生产效率。数字化转型还可以提升供应链管理、物流和库存控制等方面的效率,降低运营成本。

（5）创新增值服务和商业模式。数字化转型可以帮助企业开发创新增值服务,推动商业模式的革新。通过数字技术和创新应用,企业可以开发新的产品,提供新的服务和解决方案,以满足客户的新需求,并创造新的商业机会。数字化转型还可以帮助企业从传统产品销售转向基于服务和订阅模式的销售形式,从而获取更为稳定和可持续的收入。

（6）组织文化和能力转型。数字化转型要求企业进行组织文化和能力的转型。企业需要培养具有数字化思维和技能的员工,加强跨部门的合作和沟通,以适应数字化时代的要求。数字化转型可以激发创新性和灵活性,促进组织的学习和适应能力,使企业能够更快地适应市场变化和技术革新。

企业的数字化转型是一个持续的过程,需要不断适应和调整。企业应制定明确的数字化战略,并与组织的整体战略和愿景相一致。更为重要的是,数字化转型需要领导层的支持和参与,并与员工和利益相关者进行紧密合作,以确保成功实施和持续创新。

问题探究

学习资料1.4.2企业数字化转型,将下列表述补充完整。

数字化转型是发展数字经济的一环,其目标是提高＿＿＿＿＿＿、实现＿＿＿＿＿＿、优化＿＿＿＿＿＿和构建＿＿＿＿＿＿。

3. 了解数字化人才

资料1.4.3　　　　　　　　　　数字化人才

根据麦肯锡公司(Mckinsey & Company)的一项调查显示,很多企业在数字化转型中面临的困境是缺乏专业的数字化人才。在我国人社部公布的新职业中,与数字化相关的职业正逐年增加。

1. 数字化人才的内涵

数字化人才是指在具备ICT(信息通信技术)普通技能的基础上,还需具备ICT专业技能和补充技能的人才。他们是大数据、互联网＋、人工智能、智能制造等多个领域发展的"主力军"。

ICT普通技能:绝大多数从业者在工作中所使用的基础数字技能,如使用计算机打字、使用常见的应用软件、浏览网页查找信息等技能。

ICT专业技能:主要是指开发ICT产品和服务所需要的数字技能,如编程、网页设计、电子商务,以及最新的大数据分析和云计算等技能。

ICT补充技能:指利用特定的数字技能或平台辅助解决工作中的一些问题,如处理复杂信息、与客户沟通、提供方案等。

总之,数字化人才是指具备较高信息素养和数字化能力,并可以将这种能力应用于工作场景的相关人才。

2. 数字化人才的分类

根据数字化能力要求的差异、应用场景的不同,可将数字化人才分为数字化管理人才、数字化应用人才和数字化技术人才三个层次,分别作为企业数字化转型的领导力量、创新力量和支撑力量,以共同推动企业数字化转型的落地实践。

(1)数字化管理人才。数字化管理人才的主要任务是:对降本增效做出整体规划和布局,并能够领导其他两类人才推进企业的数字化转型。

对于数字化管理人才来说,应具备以下三种能力:第一是数字化转型领导力,即要有行业前瞻力、洞察力和决策力。第二是良好的团队管理能力,能够协调专业人才和应用人才共事。第三是先进的项目管理能力,需要对项目结果负责。

（2）数字化应用人才。数字化应用人才的主要任务是：通过实践将技术应用到业务场景上，精通业务并提出优化方案，提高业务价值与效率。

对于数字化应用人才来说，应具备以下四种能力：第一是技术应用能力，能够了解主流技术、应用智能化系统，以提高业务效率与价值。第二是产品能力，有产品意识、用户意识，可以使用一些产品需求分析工具，提供技术协同。第三是协同能力，有高效协同的意识，能够与专业人才针对某一项目进行有效沟通和资源共享。第四是项目管理能力，懂得项目管理的方法，具备实践经验。

（3）数字化技术人才。数字化技术人才的主要任务是：发现企业业务上的问题，并利用科学技术创造性地解决问题。

对于数字化技术人才来说，应具备以下四种能力：第一是技术能力，指具有规划与设计、开发与建设系统或平台的工作能力，能够用专业技术解决问题。第二是产品能力，要有产品意识和用户服务意识，能将技术产品服务化，用技术驱动业务需求，优化业务结构，提高业务效率。第三是运营能力，有资源整合与调配能力、项目运维能力及高效协同的意识。第四是项目管理能力，懂得项目管理的方法，有实践经验。

3. 数字化人才的需求

随着数字化技术的不断发展和应用，各行各业都在积极推动数字化转型和升级，因此，企业对数字化人才的需求也在不断增加。这种需求不仅体现在数量上，也体现在对人才技能和素质的要求上。

（1）行业需求。各个行业对数字化人才的需求均呈上升趋势。其中，科技、互联网、金融等行业对数字化人才的需求最为迫切。同时，随着传统行业的数字化转型，这类企业对数字化人才的需求也在不断增加。

（2）企业需求。企业对于数字化人才的需求主要集中在技术研发、数据分析、市场营销、运营管理等方面。其中，技术研发是数字化人才需求最大的领域，而数据分析则是当前最热门的岗位技能之一。

（3）未来趋势。未来几年，数字化人才的需求将继续保持增长趋势。随着技术的不断更新和跨界融合的推进，企业对数字化人才的需求将更加多元化和个性化。同时，随着人工智能、大数据等技术的广泛应用，企业对高级数字化人才的需求也将不断增加。

4. 数字化人才的技能

在转型发展的过程中，企业对人才的关注点从传统的能力素质转变为新时代要求的"数字化"素质。在我国，数字化相关岗位需求不断增长，数字化人才所需要的技能也日益多样化和复杂化。以下是一些在我国数字化领域工作所需要的技能。

（1）互联网技术应用能力。数字化人才需要具备数字技术应用能力，包括计算机科学、人工智能、大数据等方面的技能。

(2) 数据分析能力。数字化人才需要具备数字思维能力,能够从数字化的角度来思考问题,并能够将数字技术和业务紧密结合起来。在数据洪流不断涌入数字化企业和组织的今天,具备数据分析能力的数字化人才更受企业欢迎。此外,数字化人才还应能够熟练应用统计学方法、机器学习算法、数据可视化工具等,因为这些技能可以帮助数字化人才更好地利用数据,提高企业的决策效率和竞争力。

(3) 数字营销能力。数字营销能力包括搜索引擎优化(SEO)和搜索引擎营销(SEM)、社交媒体营销,以及电子邮件、短信和移动营销等方面。数字化人才需要了解市场营销的原理,能够熟练使用包括视频号、公众号在内的各种数字营销渠道工具。

(4) 视觉设计能力。在数字化时代,视觉设计是非常重要的一部分。因此,数字化人才需要掌握艺术审美、平面设计、数码设计等视觉传达设计技能,设计出符合现代人审美的数字产品,从而有效提升企业的品牌形象和用户体验。

(5) 学习和创新能力。数字化人才需要具备学习能力,能够持续更新自己的知识和技能,以跟上数字化时代的发展步伐;需要具备多元化能力,能够跨界合作,了解多个领域的知识和技能,从而创造出多样化的数字产品和服务;需要具备创新能力,能够不断推出新的数字化产品、服务和商业模式,为企业创造新的价值。

(6) 协作和领导能力。数字化人才需要具备团队合作能力、良好的沟通和协调能力,能够在团队中发挥自己的优势,与同事协同工作,共同完成数字化项目;需要具备领导力,能够在数字化项目中发挥领导作用,带领团队完成任务。

总之,数字化时代所需的人才需要储备多种技能,且要不断学习新技能,以满足未来数字化领域对人才的需求。简而言之,拥有全面技能和广泛知识的数字化人才必将成为中国数字化时代成功的关键因素之一。

问题探究

学习资料1.4.3数字化人才,将下列表述补充完整。

数字化转型已成为企业发展的必然趋势,企业转型所需的数字化人才可划分为数字化_____人才、数字化_____人才和数字化_____人才三个层次,各行业普遍存在对这三类人才的需求。

任务实施

第一步 需求分析。

(1) 数字化人才是指具有数字化知识和技能,能够运用数字技术和工具进行工作和创新的人才。请在招聘网站中搜集企业对于数字化人才的要求,并记录下来。

企业需要的
数字化人才

(2) 不同领域的人才需要具备不同的数字化能力。请和同学们讨论：在表 1.4.1 所列的行业领域中，从业者需要具备哪些数字化能力，并记录下来。

表 1.4.1 行业领域与数字化能力对照表

行业领域	数字化能力
金融领域	
制造业领域	
教育领域	
医疗领域	
农业领域	
交通领域	

第二步 制定方案。

请结合你的专业领域，制定一份提升个人数字化能力的方案。

表 1.4.2 个人数字化能力提升方案

数字化能力	提升计划	预期目标

第三步 企业数字化转型案例分析。

案例1：M科技是一家以经营智能硬件和消费电子为主的公司。它通过数字化管理实现了从传统制造业到"互联网＋"的转型升级。M科技的生产调度系统采用数据分析技术和人工智能技术，实现了生产计划的自动化排班、设备运行监测和故障预警等功能。这种数字化管理模式帮助M科技在现有规模下提高了生产效率，降低了成本，同时还提升了产品质量和用户满意度。

案例2：J集团是中国著名的电商平台。它通过数字化管理实现了从传统电商企业向智慧物流企业的转型升级。J集团的智慧仓库采用了自动化流程和人工智能技术，实现了智能分拣、智能配送、智能盘点等功能。这种数字化管理模式帮助J集团提高了物流的效率和准确性，降低了人工操作的错误率，更好地满足了用户需求。

对于以上案例，你有什么想法？请将你的感悟记录下来。

我的感悟：

第四步 请你为家居行业的数字化转型提一些建议。

我的建议：

 拓展提高

AI制冷

近年来，随着5G、云计算、大数据等新技术的蓬勃兴起，一场数字化变革浪潮正奔涌而来，各行各业的数字化转型布局应运而生。金融业作为数据密集型和科技驱动型的行业，也在积极推动数字化转型升级。

在国家力争实现"双碳"目标的背景下，降低PUE（Power Usage Effectiveness，电能利用效率，评价数据中心能源效率的指标）、建设安全高效的绿色数据中心，已成为金融业可持续发展的必然趋势。

上海证券交易所金桥数据中心是规模庞大、标准高的新一代数据中心，承载了上海证券交易所业务系统与数据资源的集中、集成、共享、分析等重要任务。

作为上海证券交易所的主运行中心及核心机构托管中心，金桥数据中心机架总规模达1.86万个，年耗电量超1.2亿度，相当于5万个家庭一年的正常用电量。因此，金桥数据中心绿色发展的下一阶段重点便是节能减排。

经研究发现，当前暖通系统的能耗占基础设施总能耗的75%。究其原因，主要是暖通系统链路长、结构复杂，冷机、水泵、冷却塔等如同一个个"信息孤岛"，相互独立又彼此关联，单纯的硬件节能无法应对IT负载以及外部环境的动态变化。

针对这个问题，H公司提供了AI制冷（iCooling@AI）能效解决方案，通过对海量数据的采集分析，结合AI算法，赋予数据中心"智慧大脑"，智能调节、按需制冷，实现了数据中心的能效优化。具体做法为：结合AI算法，精确拟合数据中心运行状态，推理出最优PUE下的系统控制参数。1分钟内，AI系统可以从140万个参数组合中找到最佳策略，并预测出该策略下的全局能耗分布。

相较于传统数据中心的制冷系统，AI制冷可以做到制冷链路全局可视，打破设备、系统间的"孤岛效应"，实现从"人工调节"到"智能协同"的转变，年均PUE可下降13%左右，真正实现"制冷"到"智冷"。该项目也因此荣获国家云计算中心科技奖。

练习思考

1. 单选题

（1）数字化人才是指在具备ICT普通技能的基础上，还需具备ICT专业技能和（　　）的人才。

　　A. 分析技能　　　B. 补充技能　　　C. 特殊技能　　　D. 管理技能

（2）"具备数字思维能力，能够从数字化的角度来思考问题，并能够将数字技术和业务紧密结合起来"，这属于数字化人才的（　　）能力。

　　A. 数据应用　　　B. 数字营销　　　C. 数据分析　　　D. 学习和创新

（3）随着全球金融行业竞争的进一步加剧，（　　）可以帮助金融公司分析历史数据，寻找其中的金融创新机会。

　　A. 电子商务　　　B. 电信行业　　　C. 大数据　　　　D. 物联网

（4）（　　）层面不属于数字化转型的范畴。

　　A. 生产制造　　　　　　　　　　B. 供应链管理

　　C. 传统手工艺　　　　　　　　　D. 人力资源管理

（5）（　　）是提升数字化能力的关键步骤。

　　A. 保持固有的工作方式不变　　　B. 了解数字化工具和技术

　　C. 使用社交媒体　　　　　　　　D. 参加线上游戏比赛

2. 判断题

（　　）（1）数字化能力的提升只是为了追求科技发展，对于个人和企业并没有实际价值。

（　　）（2）只有具备技术专业背景的人才，才能够拥有数字化能力。

（　　）（3）数字化转型可以帮助企业提高效率、降低成本，增强市场竞争力。

(　　)(4) 数字化转型对企业来说是一次短期的项目,一旦完成就可以实现永久性的竞争优势。

3. 实践题

结合你的专业,查找一个相关企业数字化转型案例,并分析该企业采用的数字化转型策略以及取得的成果。

 评价总结

自查学习成果,填写表 1.4.3,已达成的打"√",未达成的记录原因。

表 1.4.3　学习成果自查表

基本情况		

课前准备:_____分钟　　课堂学习:_____分钟　　课后练习:_____分钟
学习合计:_____分钟

学习成果	已达成	未达成原因
我知道国家对于数字化人才培养的政策	□	
我理解企业数字化转型的内涵和意义	□	
我了解企业数字化转型的一般过程	□	
我能主动提升个人的数字化能力	□	

请结合你的专业与生活,将你在本任务中的收获、体会记录下来。

主题 2
信息检索

信息检索是现代社会获取所需信息的核心手段,是人们进行查询和获取信息的主要途径。熟练掌握网络信息的高效检索方法,已成为当代高素质技术人才的必备技能。在信息时代,能够迅速而准确地利用搜索引擎、专业平台等工具获取并分析各类信息,不仅能满足个人的学习需求,而且是适应职场和社会挑战不可或缺的技能,是个体适应信息爆炸时代的重要支持。本主题包含信息检索基础知识、搜索引擎使用技巧、专用平台信息检索等内容。

建议学时
6 学时

- 任务 2.1　认识信息的价值(2 学时)
- 任务 2.2　让检索更专业(2 学时)
- 任务 2.3　撰写文献综述(2 学时)

任务 2.1　认识信息的价值

学习目标

1. 了解信息的内涵,能正确认识和评估信息的价值。
2. 了解信息检索的基本概念和基本流程。
3. 掌握通过网页、社交媒体等信息平台进行信息检索的方法。
4. 知道职业发展的共性策略、途径和方法。
5. 能利用在线资源进行学习。

情境任务

进入大学后,和你同专业的同学小李打算在业余时间找一份实习工作,勤工助学。在面对网上铺天盖地的招聘信息时,你能帮助小李鉴别真假信息,并为他选择一个合适的实习工作吗?

任务准备

1. 了解信息

资料 2.1.1　信息的内涵与价值评估

1. 信息的定义

信息普遍存在于人类社会和自然界中,人类自诞生以来就在存储、传播各种信息。在我国古代,对信息一词的表述为音、信、音信、消息等。在唐代诗人李中的《暮春怀故人》中,有"梦断美人沉信息,目穿长路倚楼台"的诗句,其中出现了信息一词,这里的信息表示消息的意思。

现今,虽然信息这个词在人们的日常生活中无处不在,但要对其进行科学的定义并不容易。近半个世纪以来,许多科学家和哲学家都在探讨信息的本质和内涵。下面是一些专家在不同的条件下从不同的角度对信息的描述。

图 2.1.1　香农

美国科学家香农(Shannon)在 1948 年 10 月发表的《通讯的数学理论》论文中指出:"信息是用来消除随机不确定性的东西。"我们通过一个小示例来理解香农的这句话。小华是一个高三考生,考上一所理想的大学是他的梦想。高考结束后,小华的成绩存在不确定性,成绩公布则可消除不确定性。当成绩公布后,小华开始填报志愿,但他是否能进入梦想中的大学,同样存在不确定性。只有在他收到大学的录取通知书之后,不确定性才会被消除。

美国数学家维纳(Wiener)在 1948 年提出"信息就是信息,不是物质,也不是能量"的观点。后来他又在《控制论与社会》一书中写道,"要有效地生活,就必须有足够的信息"。维纳从资源的角度来描述信息是不同于物质和能量的资源。

我国学者钟义信于 1996 年在其著作《信息科学原理》中提出,"信息是事物运动的状态和方式,也就是事物内部结构和外部联系的状态和方式"。这一定义可以理解为哪里有运动的事物,哪里就存在信息。

总之,信息可以被理解成消息、数据、通知、情报、知识、见闻等传输和处理的对象,可以泛指人类社会获取并传播的一切内容。信息是经过一定加工的对人们有用的数据,对不同的人而言有不同的价值。信息常依附于文字、符号、图像、图形、声音、动画、视频等载体呈现出来。

从古代的烽火、狼烟、书信,到现代的书报、广播、电视、电话,再到网络时代的微信、电子邮件等,都是信息的传播方式。此外,人与人在面对面交流时,其语言、表情、动作等也都是信息的传播方式。人体从外界获取信息主要依靠听觉、视觉、触觉、味觉、嗅觉等感觉器官来感受信息,并在通过人脑的分析、抽象、加工、处理后,指导人的行为。

2. 信息的特征

信息有许多重要的特征和性质,一般可归纳为以下几方面。

(1) 传递性。信息具有传递性,可以是口耳相传、飞鸽传书,也可以是面对面交流、网络交流。比如,小明生病了,家长要跟老师请假说明情况,可以亲自到学校当面请假,也可以通过电话、微信请假。无论是哪种请假方式,都是家长在向老师传递"小明因生病需

图 2.1.2　信息具有传递性

要请假"的信息。在互联网时代,信息的传递方式是多样化的,信息的传递打破了时空限制,人们可以足不出户地欣赏到精彩纷呈的春节联欢晚会、奥运会、世界杯等。

(2) 共享性。信息可以被复制、传播并分享给多个用户。当信息被原持有者传递给另一个用户时,原持有者的信息量不会减少,也不会丢失。

著名作家萧伯纳(George Bernard Shaw)曾说过:"如果你有一个苹果,我有一个苹果,彼此交换,我们每个人仍然只有一个苹果;如果你有一种思想,我有一种思想,彼此交换,我们每个人就有了两种思想,甚至多于两种思想。"也就是说,如果甲有一个消息,乙有一个消息,甲和乙相互交换消息后,两人就都至少有了两个消息,甚至会多于两个消息。

(3) 依附性。信息不能独立存在,信息的表示、传播、储存等都需要依附于一定的载体。比如,小明在睡觉之前上网查看课程表,准备第二天的课本,这时信息通过网络进行传播,信息依附的载体是数字校园的教务系统。相同的信息可以依附于不同的载体。比如,学校下发的端午节放假安排信息,可以通过数字校园的"公共通知栏"发布,也可以通过纸质放假通知传递,还可以由班主任当面向同学们传达。

(4) 时效性。信息作为对事物的运动状态和方式的反映,往往反映的只是事物某一特定时刻的状态,会随着客观事件的变化和时间的推移而变化。比如,天气预报、股市信息、交通信息等时刻都在发生变化,甚至稍纵即逝。再举一些我们生活中的具体事例,比如:小明的爸爸开车去上海出差,可车载导航中的地图是两年前的,在旧地图的指引下,小明的爸爸在上海迷路了;端午节的放假通知在节后再发布,就失去了意义;商场在劳动节举办促销活动,这些优惠政策只在劳动节期间有效,之后就失效了。

(5) 价值相对性。信息是有价值的,但也是因人而异的,即信息的价值是相对的。相同的信息对于不同的人来说,其价值是不一样的。比如,一个计算机专业和一个外语专业的学生去听一个关于大数据的讲座,计算机专业的学生觉得讲座很精彩,这说明了讲座信息对他有很大的价值,而外语专业的学生因为听不懂,感觉收获甚微,甚至毫无价值。另外,信息又是可以增值的,在信息加工的过程中,人们可以获得更重要的信息,使原有信息增值。

(6) 真伪性。信息有真信息和伪信息,即真实信息和虚假信息之分。伪信息的产生可能是人的认知差异或对信息的理解没有和实际的环境联系导致的,也可能是因为信息源本身就是虚假的,如古代周幽王烽火戏诸侯。现如今,网络上信息泛滥,假新闻已成为社交媒体的大问题,给用户造成了极大的困扰。

信息还有很多特征,如可加工性、可存储性、普遍性、可转化性等,对信息特征的理解能加深我们对信息概念的理解。

我们处于信息时代,每天都会收到大量的信息,其中有些信息对我们是有益的,而有些则对我们的学习和成长是不利的,因此我们要学会甄别信息的真伪,懂得分析和取舍。同时,在发布信息的时候,我们也要遵循自己制定的"信息素养责任宣言"(见任务1.3)

中的承诺,不要发布垃圾信息、有害信息。

3. 信息的价值

信息的价值是一个相对概念,它随着时间、地域及需求的变化而变化。信息的价值分为绝对价值和相对价值。绝对价值是指信息对于社会整体而言的重要性和影响力,而相对价值则是指信息对于组成社会的每个个体而言的实用性和意义。

在信息获取的过程中,始终伴随着如何鉴别与评价信息的问题。我们可以通过信息来源的可信度,以及内容的准确性、适用性、时效性等方面来鉴别和评价信息。信息来源的可信度是指信息提供者的专业性和信誉度,内容的准确性涉及信息是否真实、准确和完整,内容的适用性是指信息是否符合特定需求和背景,而内容的时效性则关注信息是否与当前情境相符。这些方面的评估有助于我们确保所获取的信息对于决策和问题解决具有实质性的帮助。

问题探究

学习资料 2.1.1 信息的内涵与价值评估,将下列表述补充完整。

(1) 在我国古代,对信息一词的表述包括 _____、信、音信、消息等词语。在唐代诗人李中的诗词作品《暮春怀故人》中,信息表示消息的意思。尽管信息在日常生活中普遍存在,但要对其进行科学的定义并不容易。美国科学家香农在1948年发表的论文中指出,信息是用来 _____ 的东西。信息具有 _____、_____、_____、_____、_____、_____ 等特性。

(2) 信息是一种有价值的资源,人类社会中的活动都离不开 _____。信息的价值是一个 _____,它随着 _____、_____ 及 _____ 的变化而变化。信息的价值分为 _____ 价值和 _____ 价值。_____ 价值是对于社会整体而言的,而 _____ 价值是对于组成社会的每个个体而言的。

(3) 在信息获取的过程中,始终伴随着如何鉴别与评价信息的问题。我们可以通过信息来源的 _____,以及内容的 _____、_____、_____ 等方面来鉴别和评价信息。

2. 了解信息检索

资料 2.1.2　　　　　　　　　　**信息检索概论**

1. 信息检索的定义

信息检索是用户查询和获取信息的主要方式,是查找信息的方法和手段。狭义的信息检索仅指信息查询,即用户根据需要,采用一定的方法,借助检索工具,从信息集合中找出所需要信息的查找过程。广义的信息检索是指将信息按一定的方式进行加工、整理、组织并存储起来,再根据用户特定的需要将相关信息准确地查找出来的过程,又称信息的存储与检索。一般情况下,信息检索指的是广义的信息检索。

2. 信息检索的过程

信息检索包括存储与检索,信息的存储是实现信息检索的基础。存储的信息不仅包括原始文档数据,还包括图片、视频和音频等多媒体数据。信息检索的具体过程为:将原始信息转换为计算机语言,并将其存储在数据库中,否则无法进行机器识别;待用户根据意图输入查询请求后,检索系统会根据用户的查询请求在数据库中搜索与查询相关信息;通过一定的匹配机制计算出信息的相似度大小,并按从大到小的顺序将信息转换输出。

3. 计算机信息检索系统中的检索算符

在计算机信息检索系统中,基本的检索算符可用于构建检索查询条件,帮助用户精准地获取他们所需的信息。以下是一些常见的检索算符(其中第一项至第三项为布尔逻辑检索算符):

计算机信息检索系统中基本的检索算符

(1) 与运算符(AND):表示检索结果必须同时包含所有输入的关键词。例如,查询"information AND retrieval",将返回同时包含"information"和"retrieval"的文档。

(2) 或运算符(OR):表示检索结果可以包含任意一个或多个输入的关键词。例如,查询"information OR retrieval",将返回包含"information"和"retrieval"中的任意一个或两者都包含的文档。

(3) 非运算符(NOT):表示检索结果中不能包含某个关键词。例如,查询"information NOT retrieval",将返回包含"information"但不包含"retrieval"的文档。

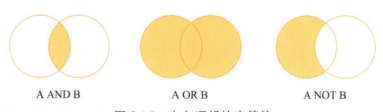

图 2.1.3 布尔逻辑检索算符

(4) 通配符:用来代替一个或多个未知字符的特殊字符。例如,"*"表示零个或多个字符,"?"表示一个字符,"$"表示零个或一个字符。

(5) 引号:用于精确匹配短语。例如,查询"information retrieval",将返回包含这个短语的文档,而不是仅包含单独的"information"或"retrieval"的文档。

(6) 括号:用于指定运算符的优先级,确保在复杂的查询中正确地组合条件。

(7) 字段限定符:允许用户指定搜索的特定字段,如标题、作者、日期等。例如,可以使用"title:"(标题)或"author:"(作者)来限定搜索范围。

（8）相邻运算符：允许用户指定关键词在文档中的相对位置。例如，"A NEAR B"表示关键词 A 和 B 在文档中相邻。

这些检索算符的组合可以创建复杂的查询，以便用户更准确地定位所需的信息。需要注意的是，在检索系统具体实现检索时，可能会提供额外的定制算符或功能。

问题探究

学习资料 2.1.2 信息检索概论，将下列表述补充完整。

（1）信息检索是_____和_____的主要方式，是_____的方法和手段。

（2）_____是实现信息检索的基础。存储的信息不仅包括原始文档数据，还包括图片、视频和音频等。检索的过程为：将原始信息转换为_____，并将其存储在_____中，否则无法进行机器识别；待用户根据意图输入查询请求后，检索系统会根据用户的查询请求在数据库中搜索与查询相关信息；通过一定的_____计算出信息的_____，并按_____的顺序将信息转换输出。

（3）在计算机信息检索系统中，基本的检索算符有（列出四个即可）：_____、_____、_____、_____等。

任务实施

第一步 搜集招聘信息。

（1）请你在网络上搜集各种兼职招聘信息，并将你浏览的网站或平台名称记录下来。

网站或平台名称：

在以上网站或平台中，你认为可信度比较高的有哪些？为什么？

我认为可信度比较高的有：

我的理由：

（2）将找到的招聘信息填入表 2.1.1 中。

表 2.1.1　招聘信息记录表

序号	招聘公司名称	工作内容	薪资待遇	信息来源
1				
2				
3				
4				
5				

除了信息来源，你还能从哪些方面判断招聘信息的可靠性？

第二步　了解公司背景。

请你在网络上搜集其中一家公司的信息，并记录下来。

公司信息

公司名称：

公司类型：

公司网站：

公司成立时间：

公司地址：

公司主营业务：

我们可以从哪些网站查到比较准确的企业背景信息？

网站名称：

第三步 明确目的,选择合适的实习岗位。

小李表示,他的实习目的是希望能提升自己的职业技能,那么你会建议他选择哪一项兼职工作呢?为什么?

我建议选择的兼职工作(填写表 2.1.1 中的序号):

我的理由:

若从自身专业出发,你认为在实习过程中需要注意哪些职业规范?

我需要注意:

 拓展提高

国家职业教育智慧教育平台

近年来,随着信息技术的迅猛发展,知识获取的方式发生了根本性变化。教与学可以不受时间、空间和地点条件的限制,通过灵活和多样化的渠道获取。

2022 年,国家职业教育智慧教育平台(www.smartedu.cn)正式上线,为大规模个性化培养技术人才提供了可能。

国家职业教育智慧教育平台由四大板块组成:第一个板块是"专业与课程服务中心",服务学习者享有优质便捷的职业教育数字化资源,提高职业教育数字化资源使用效率。第二个板块是"虚拟仿真实训中心",服务职业教育实训教学、技能鉴定和竞赛考试等应用需要。第三个板块是"教师能力提升中心",服务职业教育干部职工培训内容优化、培训质量提升。第四个板块是"教材资源中心",服务职业教育教材开发、选用、监管和评价等需要。这四大板块通过一站式搜索模块和监测运行分析模块,既可以满足师生对数字资源的需要,又能够服务职业院校的专业建设和教学改革。概括而言,该平台具有以下三个特点:

一是多主体开发建设。平台资源主要由优质职业院校联合优秀企业共同开发的标准化课程、示范性课程以及各种拓展资源组成,充分体现了职业教育"产教融合、校企合作"的办学特色,促进了教育链、创新链与产业链、人才链的深度融合。

二是多维度个性应用。平台资源基于颗粒化开发供给,教师可以直接使用其中的标准化课程,也可自行编辑课程内容和拓展资源,形成适合学生学习的个性化课程,促进因材施教，保证教学效果。

三是多层次提供服务。在提供丰富多样的教学资源的同时，所有资源均同步设计了练习、复习、随堂测试等内容，学生可通过平台进行自学和学习自测。平台自动记录学生的线上学习、课堂互动、课后复习数据，由此计算出学生的知识掌握率、课堂互动率、教师响应率、线上活跃率等，为教师改进教学效果提供依据。资源使用数据、教学反馈情况等又能为教育行政管理部门提供多维度数据分析服务，赋能职业教育现代高质量体系建设。

请访问国家职业教育智慧教育平台，寻找一门自己感兴趣的在线课程并加入学习。

  练习思考

1. 单选题

(1) 在以下信息中，(　　)更具有信息价值。

　A. 一篇经过权威机构审核的学术论文

　B. 一则在社交媒体上发布的未标明出处的消息

　C. 一份未经证实的匿名邮件

　D. 一篇由知名专家撰写的专栏文章

(2) 在评价信息价值时，(　　)不符合评价标准。

　A. 信息来源具有公正、客观的立场　　B. 信息内容经过多次筛选和审核

　C. 信息提供了清晰、准确的数据和事实　D. 信息含有主观偏见和夸大的言辞

(3) 在线学习的优势包括(　　)。

　A. 灵活性和便利性　　　　　　　　B. 互动性和实时反馈

　C. 节省时间和成本　　　　　　　　D. 以上皆是

(4) 信息检索是指(　　)。

　A. 通过网络搜索信息　　　　　　　B. 从图书馆中获取信息

　C. 从数据库中获取信息　　　　　　D. 以上皆是

2. 判断题

(　　)(1) 信息检索是指从信息资源中获取所需信息的过程。

(　　)(2) 在进行信息检索时，关键词的选择对于检索结果的准确性没有影响。

(　　)(3) 在信息检索的过程中,存储的信息仅包括原始文档数据。图片、视频和音频等多媒体数据均不需要存储。

(　　)(4) 在评价信息时,只需要关注信息的来源,而不需要考虑信息的内容。

3. 实践题

请搜集一名你所知道的企业家资料,整理出这位企业家成功的关键因素。

评价总结

自查学习成果,填写表 2.1.2,已达成的打"√",未达成的记录原因。

表 2.1.2　学习成果自查表

基本情况		
课前准备:＿＿＿分钟	课堂学习:＿＿＿分钟	课后练习:＿＿＿分钟
学习合计:＿＿＿分钟		

学习成果	已达成	未达成原因
我了解信息的基本概念及评价信息的方式	□	
我了解信息检索的基本流程	□	
我能选择恰当的途径和方法进行信息检索	□	
我能利用在线资源进行学习	□	

请结合你的专业与生活,将你在本任务中的收获、体会记录下来。

任务 2.2　让检索更专业

学习目标

1. 理解信息检索的基本概念。
2. 了解信息检索的基本流程。
3. 掌握搜索引擎的高级使用技巧,提高检索的准确性和效率。
4. 掌握通过专用平台进行信息检索的方法。

情境任务

《梦溪笔谈》由北宋科学家、政治家沈括(1031—1095年)撰,是一部涉及古代中国自然科学、工艺技术及社会历史现象的综合性笔记体著作。你能通过网页、社交媒体等不同的信息平台搜集有关《梦溪笔谈》的信息,并找到古籍善本的图样吗?

任务准备

1. 了解搜索引擎

资料 2.2.1　　　　　　　　　　搜索引擎及其智能化

1. 搜索引擎的概念及解析

搜索引擎是一种供用户在互联网上搜索并呈现相关信息的工具。它能够自动扫描和索引大量网页内容,并根据用户提供的关键词或查询条件,返回与之相关的网页链接和摘要。当用户在搜索引擎中输入关键词或查询语句后,搜索引擎就会根据索引中存储的网页信息进行匹配和排序,以展示最相关的搜索结果。搜索引擎通常根据多个因素来确定搜索结果的排序,包括关键词相关性、网页质量、用户评价等。

除了网页搜索,搜索引擎也可以提供其他类型的搜索服务,如图片搜索、视频搜索、新闻搜索等。同时,搜索引擎还可以提供功能丰富的搜索界面,包括筛选选项、相关搜索建议和搜索历史记录等,以帮助用户更准确、方便地获取所需信息。

2. 搜索引擎的分类及示例

(1) 全文搜索引擎:也称关键词搜索引擎,这种搜索引擎通过从互联网上提取各个网站的信息(以网页文字为主)来建立数据库,用户通过简单的操作(一般为输入关键词)即可快速检索想要获取的内容。例如:百度即为全文搜索引擎。它从互联网提取各个网站的信息并建立数据库;检索与用户查询条件相匹配的记录,并按一定的排列顺序返回结果。

图 2.2.1 百度搜索

(2) 元搜索引擎:即"搜索引擎的搜索引擎",它可以通过一个统一的用户界面帮助用户在多个搜索引擎中选择和利用合适的搜索引擎来实现检索操作,是对分布于网络的多种检索工具的全局控制机制。元搜索引擎在接收到用户的查询请求后,同时在多个搜索引擎上搜索,并将结果返回给用户;在搜索结果排列方面,有的直接按来源排列搜索结果,有的则按自定的规则将结果重新排列组合。例如,360 搜索即为元搜索引擎。

图 2.2.2 360 搜索

(3) 垂直搜索引擎:指针对某一个行业的专业搜索引擎,是一种更加细分的搜索引擎。垂直搜索引擎适用于有明确搜索意图的检索。例如,用户在购买机票、火车票、汽车票时,或想要浏览网络视频资源时,都可以直接选用行业内专用搜索引擎,以准确、迅速地获得相关信息。例如,中国铁路 12306 即为垂直搜索引擎。

图 2.2.3 中国铁路 12306

(4) 目录搜索引擎:是一种网站内部常用的检索方式。它会将网站内的信息整合处理并以目录形式呈现给用户,其缺点是用户需预先了解该网站的内容,并熟悉网站内的主要板块。目录索引虽然有搜索引擎的功能,但严格来说不能称为真正的搜索引擎。因为用户完全不需要依靠关键词查询,而只需要按照分类目录即可找到所需要的信息。

例如,新浪、搜狐、网易等即为目录搜索引擎。

3. 高级搜索语法和功能

搜索引擎提供的高级搜索功能可以帮助用户更精确地定位所需的信息,具体语法和功能如下:

高级搜索语法和功能

表 2.2.1　高级搜索功能和语法

功能	语法	示例
站内搜索(Site Search)	使用"site":限定搜索结果来自特定的网站	目的:只查找人民网上有关人工智能的信息 语法:"人工智能 site:www.people.com.cn"
文件类型搜索(File Type Search)	使用"filetype":限定搜索结果为特定文件类型	目的:只查找 pdf 格式的人工智能相关资料 语法:"人工智能 filetype:pdf"
限定标题检索(Intitle Search)	使用"intitle":限定搜索结果的标题中必须包含所指定的关键词	目的:搜索网页标题中含有"信息素养"的网页 语法:"intitle:信息素养"
特定时间内的关键词信息(Date Range)	两个时间中间用两个半角圆点连接,即"20XX..20XX"	目的:只查找 2008 年至 2018 年的电商信息 语法:"电商 2008..2018"
将关键词限定在 url(统一资源定位符)中(Inurl Search)	使用"关键词 inurl":限定关键词	目的:只在政府网站查找民法典的信息 语法:"民法典 inurl:gov.cn"

 问题探究

学习资料 2.2.1 搜索引擎及其智能化,将下列表述补充完整。

(1)搜索引擎是一种能够自动从互联网上搜集信息,并检索匹配用户提供的_____或_____,返回与之相关的_____和_____给用户的计算系统。

(2)从功能和原理上区分,搜索引擎可大致分为_____引擎、_____引擎、_____引擎和_____引擎四大类。根据不同的检索需求选择合适的搜索引擎,可以提高搜索效率。

(3)根据提供的检索场景,判断所需的搜索引擎类型,并列举典型网站,将结果填入表 2.2.2 中。

表2.2.2　搜索引擎类型一览表

检索场景	搜索引擎类型	网站举例
关键词查询,能具体描述问题		
分类搜索,浏览专题		
根据需求同时在多个搜索引擎上查询		
专注于特定搜索领域的搜索需求		

（4）根据语法功能,在表2.2.3中填写相应的检索语法,并写下示例。

表2.2.3　搜索引擎高级搜索功能和语法

功能	语法	示例
站内搜索	关键词+_____	目的:只查找_____网站上有关_____的信息 语法:
文件类型搜索	关键词+_____	目的:只查找_____格式的_____相关资料 语法:
限定标题检索	_____+关键词	目的:搜索网页标题中含有"_____"的网页 语法:
特定时间内的关键词信息	关键词+_____	目的:只查找_____(时间范围)的电商信息 语法:
将关键词限定在url中	关键词+_____+限定的网站	只在_____网站查找_____的信息 语法:

2. 了解官方实用网站

资料2.2.2　　常用官方实用网站介绍

1. 国家企业信用信息公示系统

由国家市场监督管理总局主办的国家企业信用信息公示系统网站（http://www.gsxt.gov.cn），可以检索到企业的股权、商标、年报、社保缴纳人数、资产担保等信息。

图 2.2.4　国家企业信用信息公示系统

2. 终身教育平台

由国家开放大学建立的终身教育平台(http://le.ouchn.cn)，除了提供从小学到大学的各种专业课程外，还提供了许多其他类型的课程。

图 2.2.5　终身教育平台

3. 国家合同示范文本库

在由国家市场监督管理总局建设的国家合同示范文本库(https://hetongzhan.com)中，包含房屋租赁、教育培训、广告服务等类型的合同，涵盖了各个行业领域，同时还包含了与合同相关的风险提示。

4. 外译发布平台

由中国外文出版发行事业局出品的外译发布平台(http://tppckte.org.cn)，发布了各种重要概念、热点词汇的官方译法，涵盖社会、经济、政治等各个领域。对于重大事项，网站还提供了词汇的专题汇总，如冬奥会等。

图 2.2.6　国家合同示范文本库

5. 标准地图服务

标准地图服务网站(http://bzdt.ch.mnr.gov.cn)包含权威且丰富的地图资源,同时还可以自己动手绘制地图。

6. 中国纪录片网

由广电总局和央视出品的中国纪录片网(http://docuchina.cn)提供了大量的优秀纪录片。

7. 国家药品监督管理局官网

在国家药品监督管理局官网(http://www.nmpa.gov.cn)上,可以直接查询到国内备案过的所有药品、医疗器械和化妆品的详细信息。

8. 国家大剧院官网

国家大剧院官网(http://www.chncpa.org)除了提供演出信息、直播或录播视频外,还提供了线上导览服务,让用户在线就能参观国家大剧院。

9. 国家地震台网

国家地震台网(http://news.ceic.ac.cn)支持查看全球各地最近发生的地震信息。

10. 中国数字图书馆

中国数字图书馆(http://www.nlc.cn)是由中国国家图书馆建设和管理的数字化图书馆,致力于提供丰富的数字化文献资源和服务,包括图书、期刊、报纸等,支持高效搜索和在线阅读。它所提供的学科分类、文献互联、数字文化展览等服务,能使用户方便地获取和分享各领域的知识。

 问题探究

学习资料 2.2.2 常用官方实用网站介绍,了解各类官方网站信息;访问其中的终身教育平台和中国数字图书馆,感受它们强大的功能。

任务实施

第一步 制定搜索策略。

(1) 列出资源搜索的范围(如图书、报纸、网页等),将所列的搜索范围按搜索到资料的机会大小进行排序。

搜索范围:

机会大小(由大到小):

(2) 选择合适的信息获取途径:

☐学校图书馆 ☐互联网 ☐其他

(3) 当使用互联网获取信息时,我们需要选择合适的检索工具。

网络信息的来源异常复杂,判断、验证这些信息需要花费一定时间。为了更快、更准确地获取信息,可以使用权威网站或者官方网站进行查询,以提高效率。

请按照以下分类维度,补充对应的信息检索平台或网址。

综合资讯检索:新浪微博、微信(搜一搜)、

视频资料检索:哔哩哔哩(B 站)、

知识百科检索:百度百科、

文件资料检索:百度文库、

网络课程检索:中国 Mooc 大学、

第二步 提炼检索关键词。

(1) 通过百度搜索引擎检索关键词"梦溪笔谈",记录检索到的主要信息,并将检索页面截图保存在文件夹里。

通过百度搜索引擎找到的相关结果约有 _____ 个。

处于页面最上方的信息是:_____。

(2) 从百度百科中找到相关信息,并记录下来:

《梦溪笔谈》包括《_____》《_____》《_____》三个部分。

搜索关键词的提炼方法

(1) 避免口语化的词句或长句子,尽量使用具体、明确、简练的词语。

(2) 合理使用检索符号。①减号(一):表示不包含,可在检索时忽略某个词。减号前必须是空格,减号后紧跟查询时需要排除的词。②加号(+):表示包含,可把搜索引擎可能忽略的词列入查询范围。③双引号、星号,以及 AND、OR 和 NOT 逻辑运算符:前文已介绍,这里不再赘述。

如果想进一步缩小检索结果的范围,我们可以如何改进关键词?
改进方法：_____

第三步 调整检索策略。

利用百度的图片搜索功能检索《梦溪笔谈》,记录检索结果。

找到相关图片约 _____ 张。

你能判断出其中哪张图片是古籍善本的图样吗? □能　□不能

第四步 使用专用平台检索古籍善本。

在中国数字图书馆网站检索《梦溪笔谈》,记录你找到的所有古籍善本的编写年份,并将页面截图保存在计算机中。

古籍善本的编写年份：_____

使用微信的"扫一扫"功能,尝试识别花草、动物、商品。你知道这一功能运用的是什么技术吗?

 拓展提高

实物扫一扫：快速识别实物的图像识别技术

　　实物扫一扫是利用图像识别技术和人工智能技术,通过扫描实物图像来快速识别和获取信息的现代化技术。在电子商务、物流和教育等领域应用广泛,可提高用户的工作效率和体验感。随着技术的进步,实物扫一扫有着广阔的发展前景,可以与增强现实和物联网等技术结合,实现更多功能和创新应用。

　　当用户使用扫描设备(如智能手机或扫描仪)对实物进行扫描时,设备会采集实物图像。接下来,设备会通过图像识别算法对这些图像进行处理,提取出实物的特征和信息;利用训练好的人工智能模型对提取出的特征进行匹配和识别,从而确定实物的身份和属性。

目前，常用的搜索引擎、社交软件都已经具备了识别实物的功能，如百度的"识万物"、微信的"扫一扫"，甚至有些手机系统自带的相机也集成了这个功能。在生活中，当我们遇到如植物、宠物、汽车等想要了解的事物时，只要开启相机，将镜头对准它们，系统就能自动完成扫描并给出扫描结果。

  练习思考

1. 单选题

(1) 在下列选项中，属于搜索引擎的是(　　)。

　A. FTP　　　　　　　　B. FlashGet
　C. WinRAR　　　　　　D. Baidu

(2) 全文搜索引擎显示的搜索结果是(　　)。

　A. 需查找的在互联网相关网站中的全部内容
　B. 搜索引擎索引数据库中的数据
　C. 以人工方式采集和存储的网络信息
　D. 本机资源管理器中的信息

(3) 当你想要找到与特定网站相关的信息时，应该使用的搜索技巧是(　　)。

　A. related:　　　　　　B. filetype:
　C. site:　　　　　　　D. intitle:

(4) 当要排除某个特定词汇，以获取更精准的搜索结果时，应该使用的搜索技巧是(　　)。

　A. AND　　　　　　　　B. OR
　C. –（减号）　　　　　D. *（星号）

2. 判断题

(　　)(1) 如果想要搜索一个特定主题的 PDF 文件，应该使用 site 搜索技巧。

(　　)(2) 合理合法地利用网络信息资源，是当代学生应该具备的基本素质。

(　　)(3) 从网络上获取的资源都是免费的。

(　　)(4) 信息检索只涉及网络上的信息，不包括书籍、期刊等实体介质的资源。

3. 实践题

《水浒传》是中国古典四大名著之一，请利用搜索引擎查找一本含有注解的《水浒传》电子书。

评价总结

自查学习成果,填写表 2.2.4,已达成的打"√",未达成的记录原因。

表 2.2.4　学习成果自查表

基本情况

课前准备：_____分钟　　课堂学习：_____分钟　　课后练习：_____分钟
学习合计：_____分钟

学习成果	已达成	未达成原因
我了解了搜索引擎的分类和使用场景	☐	
我掌握了搜索引擎的高级使用技巧	☐	
我能选择适当的途径和方法进行信息检索	☐	
我能利用在线资源进行学习	☐	

请结合你的专业与生活,将你在本任务中的收获、体会记录下来。

任务 2.3　撰写文献综述

学习目标

1. 知道常用的文献信息检索专用平台。
2. 知道参考文献的引文格式。
3. 掌握布尔逻辑检索、截词检索、位置检索、限制检索等检索方法。
4. 能利用中国知网的简单检索及高级检索功能进行文献检索。
5. 能根据特定的信息检索需求，选择合适的专用信息检索平台进行检索。

情境任务

小张是某职业院校电子商务专业的一名学生，在完成课程作业的过程中，他需要比较与分析国内中小企业电子商务实施的情况，因此，他希望通过网络检索出相关的文献资料进行阅读。请你帮小张了解信息检索专用平台，并通过中国知网的高级检索功能，精确地找到他想要的文献。

任务准备

1. 了解文献检索平台

资料 2.3.1　　　　　　　　　　　　　　常用文献检索专用平台

1. 中国知网

中国知网（https://www.cnki.net，简称 CNKI）的建设属于中国国家知识基础设施工程，始建于 1999 年 6 月，其主办单位为清华控股有限公司，是以实现全社会知识资源传播共享与增值利用为目标的信息化建设项目。

中国知网已经发展成为全球最大的中文学术资源数据库，收录了 95% 以上正式出版的中文学术资源，包括期刊、学位论文、会议论文、报纸、工具书、年鉴、专利、标准、国学、法律、海外文献资料等多种文献类型；学科范围包括自然科学、工程技术、农业、哲学、医学、人文社会科学；收录文献的最早起始时间为1915年。截至2023年12月，中国知网的中文学术期刊数量为8400多种，文献（中文期刊论文）总数量为6100多万篇。

图 2.3.1　中国知网

2. 万方数据知识服务平台

万方数据知识服务平台（https://www.wanfangdata.com.cn）的主办单位为北京万方数据股份有限公司。平台涵盖期刊、学位论文、会议论文、科技报告、专利、成果、标准、法规等多种文献类型；主要包含的学科有自然科学、工程技术、医药卫生、农业科学、哲学政法、社会科学、科教文艺；收录文献的起始时间为1998年。万方数据知识服务平台的文献来源主要包括中国科技信息研究所、国家各部委、中国科学院、国家各级信息机构、国家科技图书文献中心、外文文献数据库、著名学术出版机构等知名的信息开放获取平台。截至2023年12月，万方数据知识服务平台的中文学术期刊数量为8000多种，文献（中文期刊论文）总数量为15600多万篇。

图 2.3.2　万方数据知识服务平台

3. 维普网

维普网(https://wwwv3.cqvip.com)是由重庆维普资讯有限公司建立的综合性期刊文献服务网站。该网站截至 2023 年 12 月,累计收录中文学术期刊 15 000 多种,收录文献(中文期刊论文)7 500 多万篇,是中国最大的数字期刊数据库,也是我国网络数字图书馆建设的核心资源之一;主要包含的学科有社会科学、自然科学、工程技术、农业科学、医药卫生、经济管理、教育科学和图书情报;收录文献的起始时间为 1989 年。除期刊检索服务外,维普网还对外提供论文检测、论文选题、优先出版、考试、知识资源大数据整合等服务。

图 2.3.3 维普网

 问题探究

学习资料 2.3.1 常用文献检索专用平台,将常用的三个文献检索平台的基本信息填入表 2.3.1 中。

表 2.3.1 常用文献检索平台信息

平台名称	访问网址	学科范围	文献数量[①] (中文期刊论文)
中国知网			
万方数据知识服务平台			
维普网			

---

① 说明:请检索并填写最新的文献数量信息。

2. 了解检索优质文献的方法

资料 2.3.2　　　　　　　　如何寻找高质量的参考文献

选择参考文献是学术写作中的关键一步,它对确立研究的权威性、深度和全面性起着决定性的作用。因此,引用高质量的文献至关重要,它能够帮助我们撰写出优质的论文。

1. 优化检索方式

我们在寻找参考文献时,要确保参考文献来源可靠。这通常意味着参考文献应该出自经同行评审通过的学术期刊或权威书籍。下面以中国知网为例,介绍优质文献的检索途径。

(1) 通过中国知网的高级检索功能来定向检索优质期刊的文章。具体操作方法为:进入中国知网界面,点击"高级检索",选择"学术期刊"类别,并在"来源类别"中选择"SCI""EI"和"北大核心"等。

图 2.3.4　定向检索优质期刊

(2) 选择中国知网"文献检索"中的"学术期刊",点击"期刊导航"栏目,在"核心期刊导航"中找到你所在专业的核心期刊,然后搜索期刊上的文章。

2. 查看引用次数

查看一篇文章被引用的次数可以帮助我们了解该文章在学术界的影响力。文献被引用的次数越多,其质量往往越高,因为被广泛引用的文献通常能够提供重要的信息或观点。

图 2.3.5　查看文献的引用次数

3. 追本溯源

通过已经找到的高质量文章，查看它们的参考文献，往往可以找到更多的优质文献。此外，还可以通过查看文献间的互相引用来帮助我们找到更多相关的优质文章。例如，在中国知网的"导出与分析"中选择"可视化分析"，查看"已选结果分析"，然后在"文献互引网络分析"中即可呈献相关内容。

图 2.3.6　中国知网的"导出与分析"功能

4. 关注近期文献

近期的文献往往反映了学科前沿的研究水平，而且近期的研究通常也是相对精确的，因此应被视为文献收集的焦点。关注近三年的文献不仅能够帮助我们捕捉到学科的最新发展，也能对评审专家确定研究主题的创新性起着直接的推动作用。

5. 追踪领域专家

我们可以找到自己所在领域的权威专家，通过他们的名字进行文献检索。这些专家通常会关注最新的研究趋势，并在他们的文章中进行详尽的讨论。

 问题探究

学习资料 2.3.2 如何寻找高质量的参考文献，并将下列内容补充完整。

（1）我们可以通过中国知网的＿＿＿＿＿＿功能来定向检索优质期刊的文章。具体操作方法为：进入中国知网界面，点击"＿＿＿＿＿＿"，选择"＿＿＿＿＿＿"类别，并在"＿＿＿＿＿＿"中选择"SCI""EI"和"北大核心"等。

（2）选择中国知网"＿＿＿＿＿＿"中的"学术期刊"，点击"期刊导航"栏目，在"＿＿＿＿＿＿"中找到你所在专业的核心期刊，然后搜索期刊上的文章。

（3）查看一篇文章被引用的次数可以帮助我们了解该文章在学术界的影响力。文献被引用的次数＿＿＿＿，其质量往往＿＿＿＿，因为被广泛引用的文献通常能够提供重要的信息或观点。

3. 掌握高级检索的操作方法

资料 2.3.3　　高级检索操作指引

1. 常用的信息检索方式

（1）布尔逻辑检索是一种基于布尔逻辑算符的信息精准检索方法，我们在资料 2.1.2 中已做介绍，这里不再赘述。

（2）截词检索是利用检索词的词干或不完整的词形进行检索的技术，它是一种预防漏检、提高查全率的信息检索方法。在进行截词检索时，可以使用"？""＊""＄"等通配符（截词符）来替换检索词的某处，使截断后的检索词具有多种可能的词义，这样既可节省输入的检索词数目，又可扩大信息检索的范围。

截词检索和位置检索

① 前截断：截词符放在被截词的前面，对词后方的一致性进行比较。若用户要检索的内容存在相同词缀的情况，则可使用前截断的截词检索。例如，输入"＊computer"，能够检索出 computer、microcomputer 等词。

② 后截断：截词符放在被截词的后面，对词前方的一致性进行比较。若用户要检索的内容仅为单词的单复数、年份、词性等元素的不同，则可使用后截断的截词检索。例如，输入"com？"，就可以查找到 computer、computerized 等以"com"开头的词。

③ 中截断：截词符放在被截词的中间，对词前方、后方的一致性进行比较。若用户要检索的内容存在特殊单复数、英美拼写差异等情况，为提高信息的查全率，可使用中截断的截词检索。例如，输入"colo＄r"，就可以查找到 colour、color 等词。

（3）位置检索，具体可分为三类。

① 词级位置检索。a. 位置算符"（W）"表示两个检索词之间只允许有空格或一个标点符号，且前后位置必须保持一致。b. 位置算符"（nW）"表示两个检索词之间允许间隔 n 个单词，但两者的前后位置必须保持一致。c. 位置算符"（N）"表示两个检索词之间只允许有空格或一个标点符号，但不对位置进行限制。d. 位置算符"（nN）"表示两个检索词之间允许间隔 n 个单词，但不对两者的前后位置进行限制。

② 句级位置检索。位置算符"（S）"表示两个检索词必须出现在同一个句子中，但不限制两者的前后位置和间隔的单词数。

③ 同字段位置检索。位置算符"（F）"表示两个检索词必须出现在检索系统数据库所记录的同一个字段中，但不限制两者的前后位置和间隔的单词数。

（4）限制检索。限制算符包括"intitle:""filetype:""site:"等，前文已有介绍，这里不再赘述。

2. 中国知网高级检索操作示例

我们需要在中国知网主页搜索框的右侧点击"高级检索"按钮,然后跳转到"高级检索"页面。

图 2.3.7 "高级检索"按钮

在"高级检索"页面,有两个功能是最常用的。第一,选择刊物类别,如可以只选择 CSSCI 来源的期刊。第二,为了能够一次性检索到更多的相关文献,可利用 AND、OR、NOT 等逻辑来提升检索效率。例如,如果你认为研究对象"社会治理"有同义词"社会管理"和"社会建设",那么可以如图 2.3.9 所示设置检索条件。

图 2.3.8 "高级检索"的设置

图 2.3.9 检索示例

学习资料 2.3.3 高级检索操作指引,掌握布尔逻辑检索、截词检索、位置检索、限制检索等检索方法。根据学业需要,尝试高级检索操作。

任务实施

第一步 访问文献检索专用平台,利用主题关键词查找文献。

访问中国知网、万方数据知识服务平台、维普网三个文献检索专用平台的官网,以"电子商务"为关键词检索文献,比较检索结果。

表2.3.2 常用文献检索平台检索结果

平台名称	检索文献数量	最新文献的标题	最新文献的发表时间
中国知网			
万方数据知识服务平台			
维普网			

对于以上三个文献检索平台的检索结果,你更偏向哪个?为什么?

我更偏向:□中国知网　□万方数据知识服务平台　□维普网

💬 我的理由:

中国知网提供了6种检索方式,其中最常用的是简单检索。具体方法为:进入中国知网主页,在搜索框中直接输入关键词。简单检索提供了主题、篇名、作者、单位等多个检索项。

第二步 优化检索策略,提高文献检索质量。

检索有关"国内中小企业电子商务实施比较与分析"的文献,根据检索结果不断优化关键词,并记录你使用的检索关键词。

关键词:

第三步 生成标准格式引文,导出文献摘要。

中国知网可以直接生成标准格式引文,并导出我们所选定文献的摘要部分。

(1)使用"导出与分析"功能,导出文献引文(GB/T 7714—2015 引文格式),将引文复制到文档中,并重新编号。

当我们引用他人的文献成果时,该如何保护他人的知识产权?

（2）使用"导出与分析"功能,查看文献摘要,提取观点并撰写文献综述。

第四步 使用其他专用检索平台,补充研究资料。

除前文介绍的三大文献检索专用平台外,表 2.3.3 中所列的信息检索平台也能为我们提供专业的信息检索服务。

表 2.3.3 其他专用信息检索平台

分类	平台举例
电子图书检索平台	超星数字图书馆、读秀、全国图书馆参考咨询联盟等
专利检索平台	国家知识产权局专利检索及分析系统、SooPat 专利检索系统等
商标检索平台	中国商标网、中华商标协会官方网站等
标准检索平台	国家标准化管理委员会官方网站、国家标准全文公开系统等
外文文献检索平台	Web of Science、美国工程索引等

请利用标准检索平台搜索与局域网验收检测相关的国家标准,记录你使用的搜索网址、关键词,以及你的检索结果。

国家标准全文公开系统网址：

关键词：

标准号：

标准名称：

学术网站介绍

除了中国知网、万方数据知识服务平台和维普网,还有两个学术网站值得推荐。

（1）国家哲学社会科学文献中心（https://www.ncpssd.org）是国家免费向公众提供学术资源的平台，主要设有资讯、资源、专题、服务四个栏目；资源包括中文、外文的学术期刊，以及外文图书、古籍等。

（2）中国高校人文社会科学文献中心（http://www.cashl.edu.cn）收藏有11 100多种国外人文社会科学领域的核心期刊、重要期刊，1 370种电子期刊，以及27万种早期电子图书和44万种外文图书等。

练习思考

1. 单选题

(1) 在文献检索中，通配符用于替代一个或多个字符，以下代表零个或多个字符的是（　　）。

  A. ?　　　　　　　　　　　　B. $

  C. *　　　　　　　　　　　　D. %

(2) 在使用搜索引擎时，（　　）检索表达式可以限制搜索结果为网页标题中包含"机器人"的内容。

  A. title:机器人

  B. intitle:机器人

  C. title= 机器人

  D. intitle= 机器人

(3) 引文检索是一种用于查询论文被其他文献引用情况的方法。这种检索方法能够帮助研究者（　　）。

  A. 查找与他们的研究主题相关的最新文献

  B. 评估论文的影响力和学术重要性

  C. 追踪论文作者的个人背景信息

  D. 在学术网络中查找新的合作机会

(4) 在中国知网的"中国学术期刊全文数据库"中，提供的全文格式主要包括（　　）。

  A. PDF、HTML、TXT　　　　　B. PDF、CAJ、HTML

  C. DOC、JPEG、HTML　　　　D. TXT、CAJ、PDF

(5) 在检索表达式中，如同时出现 AND、OR、NOT 检索算符，那么在没有括号的情况下，（　　）具有最高的执行优先级。

  A. AND　　　　　　　　　　　B. OR

  C. NOT　　　　　　　　　　　D. 所有算符的优先级相同

2. 判断题

(　　)(1) 在检索信息时,使用逻辑符"AND"可以缩小搜索范围。

(　　)(2) 二次检索是指在第一次检索结果不符合要求时,重新选择检索条件再次进行检索的方法。

(　　)(3) 跨库检索是指以同一检索条件同时检索多个库的方法。

(　　)(4) 利用"中国学术期刊全文数据库"可以实现学位论文的检索。

3. 实践题

从参考选题中任选一个题目,利用中国知网的"中国学术期刊全文数据库"、万方数据知识服务平台的"中国学位论文全文数据库",查找与课题相关的期刊论文和学位论文各一篇,并记录文献信息。

> **参考选题**
> - 国内中小企业电子商务实施的比较与分析
> - 平面广告的编排艺术探讨
> - "互联网+"时代下在校大学生网瘾问题研究
> - 浅谈可持续发展理论在我国旅游业的应用
> - 网站版面美化与设计
> - 论青年人的担当与社会认知
> - 平衡当代大学生的网络社交与现实社交

课题名称:

(1) "中国学术期刊全文数据库"的查找结果:

题　名:

作　者:

刊　名:

该文献的参考文献:

(2) "中国学位论文全文数据库"的查找结果:

题　名:

作　者:

学　校:

该文献的参考文献:

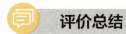 **评价总结**

自查学习成果,填写表2.3.4,已达成的打"√",未达成的记录原因。

表2.3.4 学习成果自查表

基本情况

课前准备:_____分钟　　课堂学习:_____分钟　　课后练习:_____分钟
学习合计:_____分钟

学习成果	已达成	未达成原因
我能列举出常用的信息检索专用平台	☐	
我能利用中国知网的简单检索及高级检索功能进行文献检索	☐	
我能利用中国知网导出参考文献及文献摘要	☐	
我能够根据特定的信息检索需求,选择合适的专用信息检索平台进行检索	☐	

请结合你的专业与生活,将你在本任务中的收获、体会记录下来。

_____
_____
_____
_____
_____
_____

主题 3
文档处理

　　文档处理是信息化办公的重要组成部分,广泛应用于人们日常生活、学习和工作的方方面面。本主题包含文档的基础操作、图片的插入和编辑、表格的插入和编辑、样式与模板的创建和使用、多人协同编辑文档等内容。

建议学时
12学时

任务 3.1　拟写活动通知(3学时)

任务 3.2　制作评分表格(3学时)

任务 3.3　美化生活手账(3学时)

任务 3.4　撰写毕业岗位实习报告(3学时)

任务 3.1　拟写活动通知

学习目标

1. 掌握文本的基本操作方法，如录入、复制、移动、删除等。
2. 能够对文本和段落进行格式化设置。
3. 掌握文档排版的基本操作方法。

情境任务

为进一步优化育人环境，扎实推进文明校园建设工作，营造良好的学习、生活氛围，为学生成长成才创造更加良好的学习和生活环境，教育引导学生进行自我管理、自我服务、自我教育、自我监督，学生处决定在全校范围内开展 2023—2024 学年文明寝室评选活动。为此，学生处需要制作一份活动通知，通知效果可参照图 3.1.1。

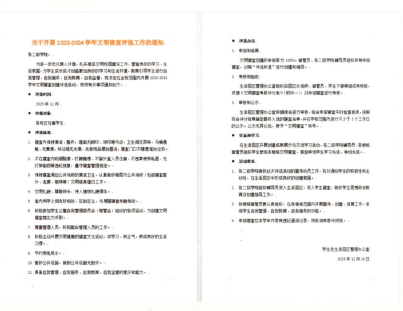

图 3.1.1　通知效果图

任务准备

1. 确认通知的基本信息

根据任务情境，结合实际情况，明确以下信息，并记录下来。

通知主题：_____

通知对象：_____

通知目的：_____

2. 明确通知的具体内容

在确定通知的主题、对象和目的后，需要整理和明确通知中的具体内容，如评选活动的时间、标准、方法和具体要求等，然后将这些内容整理成电子文档并保存下来。

是否已确认：☐评选时间　☐评选标准　☐评选方法　☐评选要求

3. 熟悉文档处理软件

资料 3.1.1　　文档处理软件（WPS）基础操作及格式设置

　　WPS 的基础操作包括启动、退出软件，熟悉软件的操作界面，以及进行简单的文本编辑等内容，可扫描二维码自主学习。下面将主要介绍文档格式的设置方法。

WPS 基础操作　　WPS 基础操作

1. 设置字体格式

　　文字的格式主要指字体、字号和文本颜色。此外，还可以为文字设置下划线、着重号及文字间距等。

　　（1）使用浮动工具栏。选中文本，利用浮动工具栏的功能按钮和选项可对文本进行格式设置。例如：在"字体"下拉列表框中选择所需的字体，如图 3.1.2 所示。

WPS 格式设置

图 3.1.2　浮动工具栏

　　（2）使用功能区"字体"组。选中文本，利用"开始"选项卡中的"字体"组功能按钮，可对所选文本进行格式设置。

(3)使用"字体"对话框。选中文本,单击"字体"组右下角的"对话框启动器" 按钮。在打开的"字体"对话框中,单击"字符间距"选项卡,可对字体进行更多设置,如图3.1.3所示。

2. 设置段落格式

(1)设置段落对齐方式。段落对齐方式是指段落中文本的排列方式,包括左对齐、居中对齐、右对齐、两端对齐等。默认的对齐方式为"两端对齐"。选中要设置的段落,在"开始"选项卡的"段落"组中,单击相应的对齐按钮,即可设置段落的对齐方式。

(2)设置段落缩进。段落缩进是指段落相对左、右页边距向页内缩进的一段距离,包括左缩进、右缩进、首行缩进、悬挂缩进。选中要设置的段落,单击"段落"组右下角的"对话框启动器"按钮。打开"段落"对话框(如图3.1.4所示),在"缩进和间距"选项卡中,单击"缩进"区域的"文本之前"或"文本之后"文本框的增减按钮,或在输入框中直接键入数字和单位,即可完成段落缩进的设置。在"特殊格式"下拉列表框中可设置"首行缩进"或"悬挂缩进",在"度量值"框中可设置字符、厘米或磅等单位。

图3.1.3 "字体"对话框

图3.1.4 "段落"对话框

(3)设置段落间距及行间距。段落间距是指两个相邻段落之间的距离,行间距是指行与行之间的距离。打开"段落"对话框,在"缩进和间距"选项卡中,单击"间距"区域的"段前"或"段后"文本框的增减按钮,或在输入框中直接键入数字和单位,即可完成段落间距的设置;单击"行距"文本框的增减按钮,或在输入框中直接键入数字,即可完成行间距的设置。

3. 设置样式

样式是已命名并保存的字体和段落格式,包括标题、正文等文本内容的格式。在WPS中,样式可分为内置样式和自定义样式。

(1)应用样式。将插入点定位在要使用样式的段落或字符上,单击"开始"选项卡中的"样式"按钮,在样式列表中根据需要选择对应的样式,如图3.1.5所示。

(2)新建样式。当WPS提供的样式不能满足需要时,可新建样式。单击"新建样式"选项,在弹出的"新建样式"对话框中对样式进行设置,如图3.1.6所示。

图 3.1.5　设置样式

图 3.1.6　新建样式

（3）修改样式。在需要进行修改的样式上单击鼠标右键，可弹出快捷菜单，选择"修改样式"命令，打开"修改样式"对话框，可对样式的名称和格式进行重新设置，如图 3.1.7 所示。

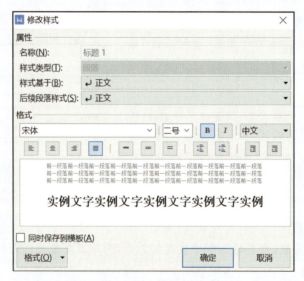

图 3.1.7　修改样式

4. 设置项目符号和编号

（1）设置项目符号。选中文本，在"开始"选项卡中，单击"项目符号"按钮右侧的下拉按钮，在打开的下拉列表中选择项目符号样式；也可以选择"自定义项目符号"命令，设置新的项目符号，如图 3.1.8 所示。

图 3.1.8 设置项目符号　　　　　图 3.1.9 设置编号

（2）设置编号。选中文本，在"开始"选项卡中，单击"编号"按钮右侧的下拉按钮，在下拉列表中选择编号样式；也可以选择"自定义编号"命令来自定义编号格式，如图 3.1.9 所示。

5. 使用格式刷

使用格式刷能快速地将文本的格式应用到其他文本上。选中已设置格式的文本，单击"开始"选项卡中的"格式刷"按钮（如图 3.1.10 所示），此时鼠标指针变为刷子形状，将鼠标指针移动到某行文本的开始处，选中文本即可应用格式。单击"格式刷"按钮只能使用一次。双击"格式刷"按钮，可多次使用格式复制功能，再次单击"格式刷"按钮或按"Esc"键可关闭格式刷功能。

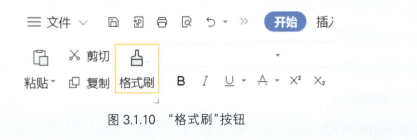

图 3.1.10 "格式刷"按钮

6. 设置页边距、纸张方向、纸张大小

用户可以根据需要对页面的各项参数进行设置，具体操作步骤如下：

(1) 单击"页面"选项卡中的"页边距"下拉按钮,在下拉列表中选择"自定义页边距"命令,在弹出的"页面设置"对话框中,设置上、下、左、右边距和装订线宽度,如图 3.1.11 所示;纸张方向分为纵向和横向,默认方向是纵向;在"应用于"列表框中可选择"整篇文档"或"所选文字",通常选择"整篇文档"。

(2) 在"页面设置"对话框中,单击"纸张"选项卡,可以设置纸张大小和纸张来源。

(3) 单击"版式"选项卡,可以设置节的起始位置;也可以设置页眉和页脚距离边界的位置,以及页眉和页脚在文档中的编排方式,如"奇偶页不同"或"首页不同"。

(4) 单击"文档网格"选项卡,可以设置页面文字的排列方式,以及网格、每一页的行数和每行的字符数等。

图 3.1.11 "页面设置"对话框

操作探究

学习资料 3.1.1 文档处理软件(WPS)基础操作及格式设置,掌握软件的基本操作方法,并将操作情况记录在表 3.1.1 中。

表 3.1.1　文档处理软件基础操作情况记录

名称	是否掌握(打"√")	操作问题及解决方法
WPS 基础操作		
设置字体格式		
设置段落格式		
设置样式		
设置项目符号和编号		
使用格式刷		
设置页边距、纸张方向、纸张大小		

任务实施

第一步 请根据任务情境,确定通知文档的结构,并记录下来。

通知标题:＿＿＿＿＿＿＿＿＿＿

通知结构

第二步 确定通知的排版信息。

文档排版的主要元素有:字体、段落和页面布局。

(1) 字体。WPS 字库提供了多种字体,如宋体、黑体、楷体、仿宋、隶书等。每种字体都有其特点及适用的场合。选择合适的字体可以提升文档的美观度和可读性。在使用 WPS 字库时,我们可以根据文档的风格选择恰当的字体,以达到理想的排版效果。

请确定通知文稿需要使用的字体和字号,并记录下来:

一级标题:字体＿＿＿＿＿＿ 字号＿＿＿＿＿＿

二级标题:字体＿＿＿＿＿＿ 字号＿＿＿＿＿＿

正文:字体＿＿＿＿＿＿ 字号＿＿＿＿＿＿

如果要制作一张电子小报,你会选择哪几种字体,为什么?

- 选择的字体:＿＿＿＿＿＿＿＿＿＿
- 我的理由:＿＿＿＿＿＿＿＿＿＿

(2) 段落。段落设置是指对文档中的文字进行格式化的操作,包括对齐方式、缩进、间距(行、段落)、换行和分页等。WPS 段落设置的作用主要有以下几点:

① 使文档的格式更加规范、美观,便于阅读和打印。

② 体现文档的层次结构,突出文档的重点和逻辑关系。

③ 调节文档的版面布局,优化文档的空间利用率。

④ 增加文档的可读性和可编辑性，便于对文档进行修改和复制。

请确定通知文档的段落格式，并记录下来：

行间距：＿＿＿＿＿＿＿＿＿＿＿＿

段前、段后间距：＿＿＿＿＿＿＿＿＿＿＿＿

（3）页面布局。页面布局是指对页面的文字、图形或表格进行格式设置，包括文字字号、文字颜色、纸张大小、纸张方向、页边距、页面边框、分栏、文字方向、背景等。

通知类公文的页边距通常可设置为：＿＿＿＿＿＿＿＿＿＿＿＿

第三步 制作文档。

将你确认好的通知内容（也可参考"素材 3.1.1"）组织起来，并进行适当的排版布局。

通知实例

第四步 整体检查优化。

检查通知文档，包括文字是否准确无误、语句是否通顺、条理是否清晰，优化后保存文档。

在后期检查中，如需对文档中的某一文字内容或格式进行统一修改，比如需要把通知中的"寝室"统一改成"宿舍"，或者需要统一更换通知中的小标题格式，用什么方法比较方便？

💬 修改文字的方法：＿＿＿＿＿＿＿＿＿＿＿＿＿＿＿＿＿＿＿＿＿＿＿＿

💬 修改格式的方法：＿＿＿＿＿＿＿＿＿＿＿＿＿＿＿＿＿＿＿＿＿＿＿＿

 拓展提高

公文的种类

为了使各种公文都能有稳定的性质、特定的用途，并使更多的人都能对这些性质和用途有准确的了解，客观上需要为每一种常用的公文都赋予一个能表明其性质、用途的统一、规范的称谓，这种称谓就叫作文种。根据《党政机关公文处理工作条例》，公文的种类主要有15种。这15种公文按照行文的流向，又可以分为上行文、平行文、下行文。

（1）上行文包括：请示、报告、意见。

（2）平行文包括：函、通知、纪要、议案、意见。其中，意见是重复使用的。

（3）下行文包括：命令（令）、决定、公告、通告、通报、批复、决议、公报、意见、通知、纪要。其中，意见、通知、纪要也是重复使用的。

在起草公文时，必须准确地把握公文的文种。为此，可以先进行"三定"：一是认定关系，看收文方是发文方的上级、平级还是下级。二是选定文种。收文方如果是上级，就在上行文中选择文种；收文方如果是平级（双方不相隶属），就在平行文中选择文种；收文方如果是下级，就在下行文中选择文种。三是确定内容，一旦选定文种，就可以准备撰写内容了。

15种公文的具体适用范围如下：

（1）请示：适用于向上级机关请求指示、批准。

（2）报告：适用于向上级机关汇报工作、反映情况，回复上级机关的询问。

（3）意见：适用于对重要问题提出见解和处理办法。

（4）函：适用于不相隶属机关之间的商洽工作、询问和答复问题、请求批准和答复审批等事项。

（5）通知：适用于发布、传达要求下级机关执行及有关单位周知或执行的事项。

（6）纪要：适用于记载会议的主要情况和议定的事项。

（7）议案：适用于各级人民政府按照法律程序向同级人民代表大会或者人民代表大会常务委员会提请审议的事项。

（8）命令（令）：适用于公布行政法规和规章、宣布施行重大强制性措施、批准授予和晋升衔级、嘉奖有关单位和人员等事项。

（9）决定：适用于对重要事项做出决策和部署、奖惩有关单位和人员、变更或者撤销下级机关不适当的决定等事项。

（10）公告：适用于向国内外宣布重要事项或者法定事项。

（11）通告：适用于在一定范围内公布应当遵守或者周知的事项。

（12）通报：适用于表彰先进、批评错误、传达重要精神和告知重要情况等事项。

（13）批复：适用于答复下级机关请示的事项。

（14）决议：适用于经会议讨论通过的重大决策事项。

（15）公报：适用于公布重要决定或者重大事项。

练习思考

1. 单选题

（1）将插入点定位于句子"一年之计在于春"中的"之"与"计"之间，按"Delete"键，则该句子变为（　　）。

A. "一年之在于春" B. "一年在于春"
C. 整句被删除 D. "一年计在于春"

(2) WPS 中的格式刷可用于复制文本或段落的格式,若要将选中的文本或段落格式重复应用多次,应(　　)。

A. 单击格式刷 B. 双击格式刷
C. 右击格式刷 D. 拖动格式刷

(3) WPS 中的页边距可以通过(　　)设置。

A. "插入"选项卡中的"插图"组
B. "开始"选项卡中的"段落"组
C. "页面"选项卡中的"页面设置"组
D. "文件"菜单中的"选项"命令

(4) 在下列有关样式的说法中,正确的是(　　)。

A. 用户可以使用样式,但必须先创建样式
B. 用户可以使用 WPS 预设的样式,也可以自定义样式
C. WPS 没有预设的样式,用户只能先建立样式再使用
D. 用户可以使用 WPS 预设的样式,但不能自定义样式

(5) 在编辑文档时,改变图片大小的本质就是(　　)。

A. 改变图片的内容 B. 按比例放大或缩小
C. 显示效果的改变 D. 对图片进行剪裁

2. 判断题

(　　)(1) 在 WPS 文字中,就中文字号而言,字号越大,字体也就越大。

(　　)(2) 在编辑文本时,如果输错了字,可按"Backspace"键删除光标前的一个字符,按"Delete"键删除光标后的一个字符。

(　　)(3) 页边距指文档中文字距离页边的留白宽度。

(　　)(4) 利用格式刷可以将选定文本的格式复制给其他文本,从而提高编辑格式的效率。

(　　)(5) WPS 是由金山软件股份有限公司开发的国产文字处理软件。

3. 实践题

请使用 AI 工具制作一份文明寝室评选活动的通知文稿,然后对比一下人工智能制作的文稿和你自己制作的文稿,谈一谈它们有什么区别,各自的优势和劣势有哪些。AI 工具可选用 WPS AI、讯飞星火、文心一言等。

评价总结

自查学习成果,填写表 3.1.2,已达成的打"√",未达成的记录原因。

表 3.1.2 学习成果自查表

基本情况		
课前准备:_____分钟	课堂学习:_____分钟	课后练习:_____分钟
学习合计:_____分钟		

学习成果	已达成	未达成原因
我掌握了文稿创建及保存的基本方法	☐	
我掌握了文字和段落的格式化设置方法	☐	
我掌握了文档排版布局的基本方法	☐	

请结合你的专业与生活,将你在本任务中的收获、体会记录下来。

任务 3.2 制作评分表格

学习目标

1. 掌握文档中表格的插入及格式化操作方法。
2. 掌握文本与表格的转换方法。
3. 掌握表格中的数据计算方法。
4. 掌握邮件合并功能的操作方法。

情境任务

我们在任务 3.1 中已完成了文明寝室评选活动通知的制作，现在需要制作活动通知中的“文明寝室评比评分表”，表格样本如图 3.2.1、图 3.2.2 所示。在完成表格制作后，我们还需要将通知文档发送给各二级学院。

文 明 寝 室 评 比 评 分 表

房号：

序号	标准	评分				备注
		优（10 分）	良（8 分）	中（6 分）	差（0~4 分）	
1	无私拉电线，无使用大功率、违规电器等现象。					
2	遵守学校宿舍的规章制度，无安全责任事故，服从管理。					
3	按时作息，无晚归、留宿外人等现象。					
4	无酗酒、赌博、高声喧哗、起哄等现象。					
5	保持门窗、天花板、墙壁干净，无乱贴乱画等现象。					

图 3.2.1 评分表效果图（第一页）

6	床铺整洁，不乱挂衣物及其他杂物。					
7	桌面物品、生活用品摆放整洁。					
8	阳台、洗手间干净卫生，无异味。					
9	室内地板无积水、纸屑、烟头等杂物。					
10	室内设计美观，体现宿舍风格特色。					

注：
1. 若发现有违反校规的大功率电器和酒瓶以及不及格处理（60分为及格），并及时将情况报送物业管理处。（工作人员注明电器名称）
2. 根据寝室情况分别在相应项的优、良、中、差中打"√"。
3. 满分100分，有一项为差即为不达标寝室，需整改。
4. 最终解释权归学工部所有。

图 3.2.2　评分表效果图（第二页）

任务准备

1. 记录评分标准细则

根据任务情境，并结合实际情况，在仔细研读任务 3.1 中的通知内容后，记录文明寝室的评分标准细则，然后整理成电子文档。

2. 确定评分表格的框架

评分表大致为：＿＿＿＿＿行＿＿＿＿＿列。

绘制出表格的大致结构：

3. 学习表格的编辑方法

资料 3.2.1   **表格的编辑方法**

1. 创建表格

表格由行和列组成,横向称为行,纵向称为列,由行和列组成的方格称为单元格。在创建表格前,需要明确表格的行数和列数,然后将光标定位到需要创建表格的位置。WPS 提供了几种创建表格的方法。

表格的编辑方法

(1) 单击"插入"选项卡中的"表格"按钮,在下拉列表的方格上移动鼠标,创建对应列数和行数的表格。如图 3.2.3 所示,创建的为 6 行 5 列的表格。

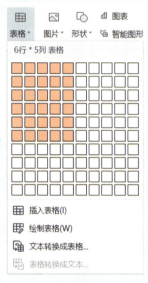

图 3.2.3　移动鼠标,创建表格　　　图 3.2.4　创建相应行数和列数的表格

(2) 单击"插入"选项卡中的"表格"按钮,在下拉列表中选择"插入表格"命令,打开"插入表格"对话框(如图 3.2.4 所示),分别设置所需的列数和行数。

(3) 假如无法确定表格的行、列数,可以先输入文本,再按"Tab"键(制表符)分隔,然后在各行文本的最后按"Enter"键换行。在输入完整文本后,按"Ctrl+A"组合键选择所有文本,然后单击"插入"选项卡中的"表格"按钮,选择下拉列表中的"文本转换成表格"命令,弹出"将文字转换成表格"对话框,在"文字分隔位置"选项中选择"制表符",单击"确定"按钮,即可实现从文本到表格的转换,如图 3.2.5 所示。

图 3.2.5　将文本转换成表格

2. 编辑表格

(1) 插入行、列或单元格。将光标移动到要插入的行、列或单元格的相邻单元格,在浮动的"表格工具"选项卡中,单击"插入"按钮,可以从不同的位置插入行、列或单元格,如图3.2.6所示。

(2) 删除行、列、单元格或表格。将光标移动到要删除的行、列、单元格或表格中,在浮动的"表格工具"选项卡中,单击"删除"按钮,在"删除"下拉列表中可以选择"删除单元格""删除列""删除行"或"删除表格"。

图3.2.6 插入行、列或单元格

(3) 合并与拆分单元格。若要合并单元格,可选中2个或2个以上相邻的单元格,在浮动的"表格工具"选项卡中,单击"合并单元格"按钮。若要拆分单元格,可将光标移动到要拆分的单元格中,在浮动的"表格工具"选项卡中,单击"拆分单元格"按钮,在弹出的"拆分单元格"对话框中,输入要拆分的列数和行数,单击"确定"按钮,如图3.2.7所示。

图3.2.7 合并与拆分单元格

(4) 拆分表格。将光标移动到所要拆分的表格的第一行(任意单元格)中,选择"表格工具"选项卡,单击"拆分表格"按钮,可将表格拆分成两张表格。如果要合并两张表格,只要删除两张表格之间的空白行即可。

(5) 绘制与擦除斜线。绘制斜线:①单击"插入"选项卡中的"表格"按钮,选择下拉列表中的"绘制表格"命令,此时光标会变成笔状。②在单元格的左上角单击鼠标左键不放,并将鼠标拖动到单元格的右下角,可以绘制出斜线。擦除斜线:在浮动的"表格工具"选项卡中,单击"擦除"按钮,当光标变成橡皮形状时,将橡皮擦光标移动到需擦除的斜线上,单击鼠标即可擦除斜线。

3. 设置表格格式

(1) 设置表格的行高和列宽。选中表格,在浮动的"表格工具"选项卡中,输入"表格行高""表格列宽"的参数。

(2) 设置表格的边框和底纹。在浮动的"表格样式"选项卡中,单击"底纹"按钮及"边框"按钮,可以设置表格的底纹颜色和表格边框线的线型;也可以在表格上右击,在弹出的快捷菜单中选择"表格属性",在"表格"选项卡中单击"边框和底纹"按钮,设置表格的边框和底纹,如图3.2.8所示。

(3) 套用表格样式。在"表格样式"选项卡中可以看到多种样式,选择所需的表格样式即可完成样式套用,如图3.2.9所示。

图 3.2.8 设置边框和底纹

图 3.2.9 设置表格样式

操作探究

学习资料 3.2.1 表格的编辑方法,尝试对表格进行编辑操作,并将操作情况记录在表 3.2.1 中。

表 3.2.1 表格编辑操作情况记录

名称	是否掌握(打"√")	操作问题及解决方法
创建表格		
编辑表格		
设置表格格式		

任务实施

第一步 根据表格结构,明确纸张为横向还是竖向。

纸张排版:□横向 □竖向

在任务 3.1 中,通知的纸张排版为竖向。如果评分表需要横向排版,那么在同一个文档中,该如何实现两种不同的纸张排版方式?

💬 操作方法:

第二步 制作评分表。

插入表格,输入表格中的内容(也可参考"素材 3.2.1")。

评分表实例

如果文档中已有评分标准细则文字,那么如何能将这些文字转换为表格?在将文字转换为表格时,对于文字之间的分隔符号,有什么需要注意的地方?

💬 操作方法:

💬 分隔符号注意事项:

第三步 整体检查及优化。

美化表格,设置标题、文字格式,以及表格边框、底纹等效果。

第四步 发布通知。

在将制作完成的通知发送给各二级学院之前,需要先将该通知中开头的"各二级学院"修改为各二级学院的实际名称,如"通信与信息工程学院""机械与能源工程学院"等。

邮件合并

除了逐一修改开头称谓的方式外,我们还可以通过邮件合并功能,快速生成大量的个性化邮件,省去逐一手动编辑的烦琐过程。无论是发送会员活动邮件、邀请函,还是通知、公告,都能大大提高工作效率。

邮件合并

WPS 文字处理的邮件合并功能是指将一个邮件模板与一份数据源进行合并,自动生成多份带有个性化信息的邮件或文档。具体而言,用户可以在邮件模板中预留特定位置,将数据源中的文本和变量插入相应的位置,最终生成多份带有个性化内容的邮件或文档。

拓展提高

文档编辑软件中的数据计算

我们在编辑文档的过程中，有时需要插入表格，对某些数据进行比对或辅助说明，此时就需要对表格中的某些数据结果进行统计。

对于表格内数据的计算，我们平时都习惯用Excel来操作，从而忽略了WPS文字中的表格计算功能。

1. 表格数据快速计算

首先，用鼠标选中要统计数据的单元格。然后，单击"表格工具"选项卡中的"计算"按钮，选择我们要计算的方式，如求和、平均值等。此时，计算结果就会被自动填入空白单元格中。

2. 表格数据复杂计算

首先，将鼠标定位到要填写计算结果的单元格，然后单击"表格工具"选项卡中的"公式"按钮，打开"公式"对话框（WPS会自动根据鼠标定位选择数据的计算范围），单击"确定"按钮，即可自动填写计算结果。需要注意的是，默认的公式是求和。如果我们想改变计算方式，可以在"公式"对话框的"粘贴函数"下拉列表中选择相应的函数。

3. 数字格式

当我们需要改变数据格式时，可在"公式"对话框中单击"数字格式"右侧的三角按钮，然后选择相应的数字格式，如中文大写数字、中文小写数字、人民币大写等。

在"公式"对话框中，只要选择好相应的函数，再选择表格范围，我们就可以随意对表格上、下、左、右四个方向的数据进行计算。在进行表格计算时，我们还可以通过插入"域"的形式来进行，它所支持的计算方式更加多样化。

 练习思考

1. 单选题

（1）在以下对于WPS概念的描述中，错误的是（　　）。

A. WPS是一款办公软件套件

B. WPS可以用于文档处理、数据分析和演示展示

C. WPS只支持Windows操作系统

D. WPS可以与Microsoft Office兼容

(2) 在下列 WPS 文字软件的段落对齐方式中,能使段落中的每一行(包括文字未占满的行)都保持首尾对齐的是(　　)。

　　A. 左对齐　　　　　　　　　　B. 右对齐
　　C. 居中对齐　　　　　　　　　D. 分散对齐

(3) 如果要批量制作标签、信封、成绩单,可以使用文字操作中特有的(　　)选项卡功能。

　　A. 审阅　　　　　　　　　　　B. 页面布局
　　C. 引用　　　　　　　　　　　D. 邮件

(4) 如果要在 WPS 中进行邮件合并,可以先准备好主文档和数据源文件,其中的数据源文件可以是(　　)。

　　A. Word 文档、Excel 表格和 Access 数据库
　　B. Word 文档、Excel 表格和 PPT 演示文稿
　　C. Excel 表格、PPT 演示文稿和 Access 数据库
　　D. Word 文档、PPT 演示文稿和 Access 数据库

(5) 在运用 WPS 文字编辑一篇文档时,若需要将文档每行后面的手动换行符全部删除,最佳的操作方法是(　　)。

　　A. 逐个手动删除
　　B. 在长按"Ctrl"键一次选中所有手动换行符后,再按"Delete"键删除
　　C. 通过"文字"工具删除换行符
　　D. 通过"查找和替换"功能删除换行符

2. 判断题

(　)(1) 在 WPS 文字中,文字模板文件的扩展名和表格模板文件的扩展名都为"wpt"。

(　)(2) 在编辑文档的过程中,可用鼠标或键盘来选定部分字符,然后实行某些编辑操作。

(　)(3) 在编辑文字时,按"Ctrl+Home"键能够将插入点快速移动到文档的起始位置。

(　)(4) 在 WPS 环境下,可通过页面设置来改变打印文件的页面大小。

(　)(5) WPS 允许同时打开多个文档,但只能有一个文档窗口是当前的活动窗口。

3. 实践题

个人简历是对个人学历、经历、特长、爱好及其他有关情况所做的简明扼要的书面介绍。它是求学、求职材料中的重要部分,是体现求学者、求职者全面素质和能力的缩影。请使用 WPS 文字软件中的表格功能设计并制作一份个人简历。

评价总结

自查学习成果,填写表 3.2.2,已达成的打"√",未达成的记录原因。

表 3.2.2 学习成果自查表

基本情况

课前准备:_____分钟　　课堂学习:_____分钟　　课后练习:_____分钟
学习合计:_____分钟

学习成果	已达成	未达成原因
我掌握了文档中表格的插入及格式化的操作方法	☐	
我掌握了文本与表格的转换方法	☐	
我掌握了表格中的数据计算方法	☐	
我掌握了邮件合并功能的操作方法	☐	

请结合你的专业与生活,将你在本任务中的收获、体会记录下来。

_____
_____
_____
_____
_____
_____

任务 3.3　美化生活手账

学习目标

1. 掌握图片、图形、艺术字等对象的编辑操作方法。
2. 掌握页眉、页脚、页码的编辑操作方法。
3. 掌握多人协同编辑文档的方法和技巧。

情境任务

手账，又称为日记本、笔记本或记录本，是一种用于记录生活、事物和思绪的工具。通过手账的记录和回顾，可以使我们更加清晰地了解自己的目标和需求，从而更好地规划未来。同时，手账还可以记录一些美好的瞬间和思考，留下珍贵的回忆。本次任务就是制作一份手账，内容可以是分享一次难忘的旅行，或是分享一本自己喜欢的书籍，抑或是记录一段难忘的经历，版面形式可参考"黄山游记"效果图，如图 3.3.1 所示。

图 3.3.1　"黄山游记"效果图

任务准备

1. 根据任务情境，明确手账主题

主题：＿＿＿＿＿＿＿＿＿＿＿＿＿＿＿＿＿

2. 收集素材

收集手账的文字、图片等素材。

3. 规划手账的排版布局

规划手账的整体布局，绘制出手账的框架结构。

4. 懂得文档排版的要素：简洁、舒适、干净

任何需要视觉呈现的内容都要进行排版。在设计手账时，如何将手账中的各个元素通过最佳的版式呈现，如何有层次地凸显所有需要传递的信息，是需要我们认真思考的。好的版式可以增加文章的可读性，让版面清爽、舒适。

5. 掌握软件相关功能的操作方法

资料 3.3.1　　　　　　　　　　文档排版的操作方法

1. 插入图片、形状、智能图形

（1）插入图片。在 WPS 文字中插入图片，可使文档图文并茂。单击"插入"选项卡中的"图片"按钮，在弹出的"插入图片"对话框中选择需要的图片，再单击"插入"按钮。若需要编辑图片，可先选中图片，然后利用浮动的"图片工具"选项卡调整图片的颜色、背景，也可以为图片添加样式、边框、效果及版式，还可以设置图片的排列方式及大小等，如图 3.3.2 所示。

文档排版的操作方法

图 3.3.2　图片工具

（2）插入形状。WPS 文字提供的形状有线条、矩形、基本形状、箭头总汇、公式形状、流程图、星与旗帜、标注等类型，如图 3.3.3 所示。合理使用形状不仅能提高操作效率，还能提升文档质量。单击"插入"选项卡中的"形状"按钮，在下拉列表中选择需要的图形，当鼠标呈"十"字形时，拖曳鼠标即可绘制图形。编辑形状的方法与编辑图片类似，可选中图形，利用浮动的"绘图工具"选项卡设置形状样式、形状填充、形状轮廓及形状效果，还可以设置形状的排列方式及大小等。

图 3.3.3　形状类型

若要在形状中添加文字,可选中形状并单击鼠标右键,在弹出的快捷菜单中选择"编辑文字"命令,即可在形状中输入文字。

若要使多个形状按照一定的方式对齐,可按住"Ctrl"键,然后选中多个待对齐的形状,单击"绘图工具"选项卡中的"对齐"按钮,即可对齐形状,如图3.3.4所示。

为了方便形状的整体移动,可以将多个形状进行合并。按住"Ctrl"键,选中多个待合并的形状,单击"绘图工具"选项卡中的"组合"按钮,在下拉列表中选择"组合"命令,即可将多个形状合并。

(3) 插入智能图形。WPS 文字可创建各种智能图形,从而快速、有效地传达信息。单击"插入"选项卡中的"智能图形"按钮,在弹出的"选择智能图形"对话框中,选择需要的图形,如图3.3.5所示。

图3.3.4 "对齐"下拉框

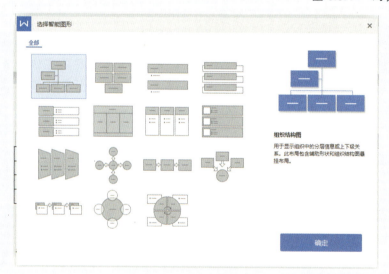

图3.3.5 插入智能图形

2. 添加文本框、艺术字

(1) 文本框。利用文本框可以实现特殊的文档版式,在文本框中可以输入文本,也可插入图片。单击"插入"选项卡中的"文本框"按钮,在下拉列表中提供了不同样式的文本框。选择"竖向"文本框按钮,当鼠标变成"十"字形时,即可拖动鼠标绘制竖排文本框,如图3.3.6所示。

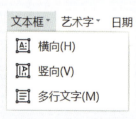

图3.3.6 文本框类型

若要更改文字方向,可将鼠标移动到文本框中,单击"文本工具"选项卡中的"文字方向"按钮,设置文字的方向。

(2)艺术字。单击"插入"选项卡中的"艺术字"按钮,弹出艺术字列表框(如图3.3.7所示),在选择需要的样式后,文档中会出现带有默认样式的艺术字文本框,输入文字后即可完成插入。

图3.3.7 艺术字类型

3. 设置页眉、页脚和页码

页眉和页脚分别位于每页的顶部和底部,用来显示文档的附加信息,包括文档标题、作者名、日期和时间、图片等。页码用于显示文档的页数,首页可以根据实际情况不显示页码。具体操作步骤如下:

(1)单击"插入"选项卡中的"页眉页脚"按钮,直接进入页眉、页脚编辑状态。此时会显示浮动的"页眉页脚"选项卡,可在页眉、页脚处输入内容。单击"页眉页脚切换"按钮,可以切换页眉、页脚的编辑状态。

(2)单击浮动的"页眉页脚"选项卡,在"页码"下拉列表中选择"页脚右侧",即可在页脚的右侧显示页码,如图3.3.8所示。

(3)选择浮动的"页眉页脚"选项卡,单击"关闭"按钮,即可退出编辑。

图3.3.8 "页码"下拉列表

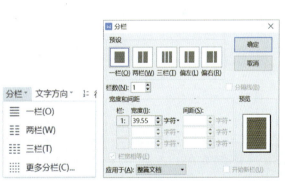

图3.3.9 设置分栏

4. 设置分栏与分页符

(1)分栏。利用分栏功能可实现在一页上以两栏或多栏的方式显示文档内容。选中要分栏的文字,单击"页面"选项卡中的"分栏"按钮,在下拉列表中选择所需要的栏数。若"分栏"下拉列表中所提供的分栏格式不能满足要求,则可选择"更多分栏"命令,打开"分栏"对话框,设置栏数、栏宽度、分隔线、应用范围等,单击"确定"按钮,完成分栏操作,如图3.3.9所示。

（2）分页符。当新的一章内容需要另起一页显示时，可利用分页符实现两章内容分隔的效果。操作方法为：单击"插入"选项卡中的"分页"按钮，或者单击"页面"选项卡中的"分隔符"按钮，在下拉列表中选择"分页符"命令，如图 3.3.10 所示。

设置好的分页符为一行虚线。若看不见分页符，可单击"开始"选项卡中的"显示/隐藏编辑标记"按钮，显示分页符标记。若要删除分页符，可在单击分页符后，按"Delete"键删除。

图 3.3.10 "分隔符"下拉列表

操作探究

学习资料 3.3.1 文档排版的操作方法，思考：在手账的排版过程中，可能使用到 WPS 文字软件中的哪些功能？熟悉这些功能的操作方法，并将操作情况记录在表 3.3.1 中。

表 3.3.1 文档排版操作情况记录

名称	是否掌握（打"√"）	操作问题及解决方法
插入图片、形状、智能图形		
添加文本框、艺术字		
设置页眉、页脚和页码		
设置分栏与分页符		

任务实施

第一步 确认字体、段落格式及标题效果。

字体参数：

段落参数：

标题（艺术字类型）：

第二步 使用文本框排版。

利用文本框可以排出特殊的文档版式。我们可以插入带有样式的内

手账实例

置文本框,也可以手动绘制横排或竖排的文本框;可以将文本框放置在页面的任意位置,也可以根据需要调整其大小。请利用自己收集的素材进行排版(也可参考"素材3.3.1")。

尝试设置文本框的效果,如文字方向、边框、阴影等效果。

第三步 插入图片,并设置图片格式。

在WPS文字中插入图片,可使文档图文并茂。在插入图片后还可以设置图片的颜色、大小、版式和样式等。那么,在你制作的手账中,分别给图片添加了哪些效果?

添加的效果:

第四步 插入页眉、页脚、页码。

页眉和页脚分别位于每页的顶部和底部,用来显示文档的附加信息,包括文档标题、作者名、日期时间、图片等。页码用于显示文档的页数,可以根据实际情况不显示首页页码。

若要在页脚中插入能够自动更新,且带有特定格式的日期,如××××年××月××日,该如何操作?请尝试操作。

第五步 整体检查及优化。

查看手账的整体效果,对其进行调整和优化,然后保存文档,并记录你优化的内容。
优化的内容:

 拓展提高

WPS的多人协作功能

随着互联网的发展,多人协作已经成为一种普遍的工作方式。WPS提供了操作简便的多人协作功能,具体可分为协作、云文档、分享和版本控制等方式。

1. 协作功能

若要使用 WPS 的协作功能，首先需要登录 WPS 账户（如果没有账户，可以先进行注册），然后打开需要协作的文档，点击工具栏上的"协作"按钮。在协作界面中，可以邀请其他人加入该文档的编辑，也可以设置协作权限。当其他人加入编辑后，可以实时看到团队成员的操作，同时自己也可以进行实时编辑。这种方式适合小型团队的协作。

2. 云文档功能

WPS 还提供了云文档功能，可以实现多人协作。首先，将需要协作的文档上传到 WPS 的云端存储空间中，然后邀请其他人加入对该文档的协作编辑。当其他人加入编辑后，可以实时看到团队成员的操作，同时自己也可以进行实时编辑。这种方式适合跨地域、跨部门的协作。

3. 分享功能

WPS 还提供了分享功能，同样可以实现多人协作。首先打开需要协作编辑的文档，在工具栏上点击"分享"按钮，然后可以选择分享的方式，比如通过邮件、微信等方式分享该文档的链接。当其他人打开该链接后，就可以实时看到该文档的内容，同时也可以进行实时编辑。这种方式适合不需要多人同时协作的情况。

4. 版本控制功能

WPS 还提供了版本控制功能，可以方便地管理文档的版本。当多人协作编辑文档时，可能会出现文档内容冲突的情况，而版本控制功能则可以帮助解决这个问题。当有多个人进行编辑时，WPS 会自动生成不同的版本，这样就可以根据需要选择相应的版本进行编辑。这种方式适合需要管理文档历史版本的情况。

以上就是 WPS 实现多人协作的方法。无论是使用协作功能、云文档功能、分享功能，还是版本控制功能，都可以帮助我们轻松地实现多人协作。当然，不同的协作方式适合不同的场景，需要根据实际情况进行选择。同时，团队成员也需要注意文档内容的安全性，避免泄露重要信息。

 练习思考

1. 单选题

（1）（　　）可以实现文档中局部文字的横排、竖排及图文混排效果。

　　A. 文本框　　　　　　　　　　B. 图片

　　C. 表格　　　　　　　　　　　D. 文档部件

(2) 在编辑文档时,我们常希望在每一页的顶部或底部显示页码及一些其他信息,这些信息若被打印在文件每一页的顶部,就可称之为(　　)。
   A. 页眉　　　　　　　　　　　B. 分页符
   C. 页脚　　　　　　　　　　　D. 页码

(3) 在编辑文档时,若要插入文本框,可以通过执行(　　)选项卡中的相关命令来完成。
   A. "文件"　　　　　　　　　　B. "编辑"
   C. "视图"　　　　　　　　　　D. "插入"

(4) 在 WPS 云文档中,若要将他人误编辑的团队文档恢复到原始状态,正确的操作方法是(　　)。
   A. 在回收站中找回
   B. 通过历史版本恢复
   C. 从最近访问列表找回
   D. 通过分享链接找回

(5) 下列内容中,(　　)属于 WPS 文字的"页面"选项卡功能。
   A. 首字下沉　　　　　　　　　B. 目录
   C. 脚注/尾注　　　　　　　　 D. 分栏

2. 判断题

(　　)(1) 在 WPS 文字中,"开始"选项卡"字体"组中的 B、I 按钮,分别代表字符的粗细、大小。

(　　)(2) 在 WPS 文字中,用户若需要还原刚撤销的操作,应执行恢复操作。

(　　)(3) 在 WPS 文字中,模板可为文档提供基本框架和一整套的样式组合,用户可以在创建新文档时选择套用。

(　　)(4) 对已经分栏的段落,如果要取消分栏,可在"分栏"对话框中选择"撤销"。

(　　)(5) 在 WPS 文字中,图片的文字环绕方式有嵌入型、四周型、紧密型、穿越型、上下型、衬于文字下方、浮于文字上方等。

3. 实践题

请你使用 AI 工具,生成一段描写你家乡的小诗,并以此制作出一份精美的手账。

评价总结

自查学习成果,填写表 3.3.2,已达成的打"√",未达成的记录原因。

表 3.3.2　学习成果自查表

基本情况

课前准备：_____分钟　　课堂学习：_____分钟　　课后练习：_____分钟
学习合计：_____分钟

学习成果	已达成	未达成原因
我掌握了图片、图形、艺术字等对象的编辑操作方法	☐	
我掌握了页眉、页脚、页码的编辑操作方法	☐	
我掌握了文档排版布局的操作方法	☐	

请结合你的专业与生活,将你在本任务中的收获、体会记录下来。

任务 3.4 撰写毕业岗位实习报告

 学习目标

1. 掌握目录制作和编辑的操作方法。
2. 掌握制表位的设置和使用方法。
3. 掌握文档中脚注、尾注、题注的使用方法。
4. 熟悉分页符和分节符的插入方法。
5. 掌握打印预览和打印参数的设置方法。

 情境任务

毕业生岗位实习报告是在校大学生在学业的最后一个学期需要撰写的实习小结作业。实习报告是对该学习阶段进行总结与说明的书面材料,是反映学生毕业实习完成情况的一个主要内容,能够培养和训练毕业生的总结与反思能力。除了内容之外,一篇合格的毕业实习报告还需要符合长文档的排版要求。

虽然各个学校对岗位实习报告的要求不同,但大体框架结构是基本一致的,效果可参照图 3.4.1。

主题3　　文档处理

图 3.4.1　岗位实习报告效果图

任务准备

1. 了解实习报告的结构

（1）阅读实习报告样例，了解岗位实习报告应包括：封面、_____、报告主体。

（2）绘制出实习报告主体结构图：

实习报告样例

实习报告

2. 撰写实习报告

整理实习材料，撰写岗位实习报告。

124

3. 掌握目录创建及页面设置的操作方法

资料 3.4.1　　　　　目录创建及页面设置的操作方法

1. 目录创建

WPS 文字可以根据用户设置的大纲级别生成文档目录。在创建目录后，可以编辑目录中文字的字体、字号、对齐方式等。单击"引用"选项卡中的"目录"按钮，在下拉列表中选择"自定义目录"命令，弹出"目录"对话框，如图 3.4.2 所示。

目录创建及页面设置的操作方法

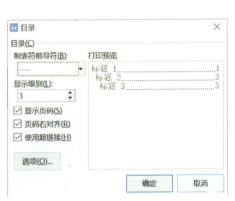

图 3.4.2　创建目录

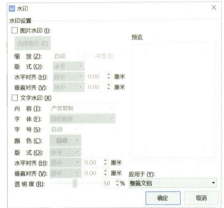

图 3.4.3　插入水印

2. 页面设置

（1）水印。有时为了表明文档的所有权或出处，会为文档加上水印。水印分为图片水印和文字水印。添加水印的具体操作步骤为：单击"页面"选项卡中的"水印"按钮，在下拉列表中可直接选择预设水印。若选择下拉列表中的"插入水印"命令，则会弹出"水印"对话框（如图 3.4.3 所示）。在对话框中，可以根据需要设置图片水印或文字水印。图片水印是将图片作为文档水印。对于文字水印，我们可以设置水印文字的语言、字体、字号、颜色、版式等格式参数。若要取消水印，可单击"页面"选项卡中的"水印"按钮，打开"水印"下拉列表，单击"删除文档中的水印"命令即可。

（2）页面颜色。单击"页面"选项卡中的"背景"按钮，在下拉列表中可选择页面背景颜色。

（3）页面边框。单击"页面"选项卡中的"页面边框"按钮，打开"边框和底纹"对话框，在左侧的"设置"栏中可选择边框的类型，在"线型"下拉列表中可选择边框的样式，在"颜色"下拉列表中可设置边框的颜色，单击"确定"按钮应用设置。

（4）脚注、尾注和题注。脚注、尾注的作用是对文档中的文本进行补充说明，脚注一般位于页面的底部,而尾注一般位于文档的末尾。单击"引用"选项卡"脚注"组右下角的"对话框启动器"按钮,在打开的"脚注和尾注"对话框中可进行相应设置,如图 3.4.4 所示。如果要删除脚注或尾注,可选中脚注或尾注的标记,按"Delete"键即可删除。

图 3.4.4　插入脚注和尾注

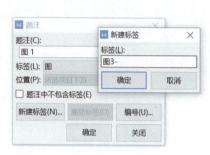

图 3.4.5　插入题注

利用题注可以为图形、公式或表格等进行编号。单击"引用"选项卡中的"题注"按钮,在弹出的"题注"对话框中,单击"新建标签"按钮,可对题注标签进行设置,如图 3.4.5 所示。

操作探究

学习资料 3.4.1 目录创建及页面设置的操作方法,尝试对文档目录及页面进行编辑操作,并将操作情况记录在表 3.4.1 中。

表 3.4.1　目录创建及页面设置操作情况记录

名称	是否掌握(打"√")	操作问题及解决方法
目录创建		
页面设置		

任务实施

第一步　设置报告的字体、段落等格式。

(1) 字体参数:

(2) 段落参数：
(3) 页边距参数：

第二步 添加岗位实习报告封面。

在岗位实习报告开头插入"空白页"，制作报告封面。

(1) 封面内容：

_____

_____

_____

(2) 封面格式设置：

字体参数：

段落参数：

制表位

　　封面的排版可以使用"制表位"来实现。制表位就是"不用表格的表格"，即在设置制表位以后，按"TAB"键就可以在制表位之间切换，输入的文字是对齐的。利用制表位，可以避免发生因字符宽度不同而造成的行与行之间不整齐的情况。

第三步 根据实习报告的要求，为自己撰写的实习报告（也可参考"素材 3.4.1"）设置正文文字和段落的格式，并添加页码。

(1) 字体参数：

(2) 段落参数：

岗位实习报告
实例

　　如果只要在报告的正文设置页码（封面、目录无须页码），且从第一页开始，该如何设置？

第四步 制作岗位实习报告目录。

(1) 计划显示几级目录：_____。

(2) 设置报告中对应目录标题的文字格式。

在自动生成目录之前,需要将一级目录的文字设置为 _____ 字体样式,将二级目录的文字设置为 _____ 字体样式。

(3) 在封面页的后面再插入一张空白页,在空白页上生成岗位实习报告目录。

如果报告中的目录结构在后期需要调整,该如何更新目录?
更新方法:

第五步 设置脚注、尾注、题注。

脚注、尾注的作用是对文档中的文本进行补充说明。脚注一般位于页面的底部,而尾注则一般位于文档的末尾。题注的作用是为图形、公式或表格等进行编号,一般放在编号对象的上方或下方。

第六步 整体检查并优化。

查看岗位实习报告的整体效果,并对其进行优化和调整,确认后保存文档。

水印是衬于文本和图片下方的文本或图片,通常以淡出或冲淡的效果呈现,这样不会干扰页面上的内容。请尝试在文档中插入水印,并调整水印的位置、大小等属性。

第七步 查看打印预览效果并进行打印设置。

完成岗位实习报告的打印。

 拓展提高

论文的排版

论文是对某一专业领域的现实问题或理论问题进行科学探索,而后形成的具有一定价值的论说文。我们选定课题并进行研究,撰写、提交论文,目的在于培养我们的科研能力,加强我们综合运用所学知识、理论和技能来解决实际问题的能力。

一般来说,一篇完整的论文由10个部分组成,如图3.4.6所示。需要注意的是,每个学校对论文的要求可能存在差异,我们可以在这10个部分的基础上进行调整。

图 3.4.6 论文的 10 个组成部分

1. 封面

封面一般包括论文的题目、作者姓名、班级、学号、所在院（系）、专业名称、指导老师姓名、完成日期等。其中，论文题目不宜过长，一般不超过 25 个字。

2. 中文摘要

在中文摘要部分，需要简要说明毕业论文（设计）所研究的内容、目的、实验方法及结果等，重点是要突出具有创新性的成果和见解，字数一般在 300 字左右。

3. 英文摘要

英文摘要与中文摘要对应。英文摘要的语法要正确，语句要通顺，文字要流畅。英文摘要的字体一般为"Times New Roman"。

4. 关键词

关键词是从论文中提取出来的用以表示全文主体内容的词语或术语。关键词一般为 3—5 个，以逗号隔开，最后一个关键词的词尾不加标点符号，如图 3.4.7 所示。

图 3.4.7 关键词样式示例

5. 目录

目录是论文的大纲，可以使读者了解整篇论文的框架。论文的标题应简明扼要，层级不宜过多，一般为三级，如图 3.4.8 所示。各级章节的页码与标题要相互对应。

6. 前言

前言是帮助读者了解论文的研究背景和研究概况的部分，通常包括四方面的内容：研究背景、研究现状、研究目的和研究意义。

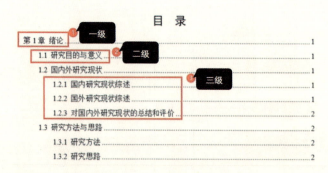

图 3.4.8 三级目录示例

7. 正文

正文是整篇论文的主体部分，一般由标题、文字描述、图片、表格、公式等部分组成，用以反映提出问题和解决问题的整个过程，体现创作者的知识水平和创新能力。

8. 参考文献

参考文献是文中被引用过的文献资料，一般放在论文结论的后面。各类参考文献的书写格式均应符合国家相关标准，参考文献的类型以字母作为标识代码，具体见表3.4.2和表 3.4.3。

表 3.4.2　参考文献类型及标识代码

参考文献类型	文献类型标识代码	参考文献类型	文献类型标识代码
普通图书	M	标准	S
会议录	C	专利	P
汇编	G	数据库	DB
报纸	N	计算机程序	CP
期刊	J	电子公告	EB
学位论文	D	其他	Z
报告	R		

表 3.4.3　电子资源的载体类型及标识代码

电子资源的载体类型	载体类型标识代码	电子资源的载体类型	载体类型标识代码
磁带	MT	光盘	CD
磁盘	DK	联机网络	OL

9. 附录

附录一般是与正文有关的文章或参考资料,是论文的补充部分。附录并不是必需的部分,是否需要取决于论文的具体情况。

10. 致谢

对于指导或者协助完成论文写作的单位及个人表示感谢,内容应实事求是、真诚可读。

 练习思考

1. 单选题

(1) 在 WPS 文字中,若要将某个段落格式复制到另一个段落,可采用( )功能。

    A. 字符样式   B. 复制   C. 格式刷   D. 剪切

(2) 在 WPS 文字中,不可以将文档直接输出为( )。

    A. PDF 文件   B. 图片文件

    C. 电子邮件正文   D. 扩展名为".pptx"的文件

(3) 在 WPS 文字中,制表位是一种类似表格的限制文本格式的工具,可通过( )在制表位之间切换。

    A. "Esc"键   B. "Tab"键

    C. "Caps Lock"键   D. "Enter"键

(4) 在编辑文档时,每一页都要出现的信息可放在( )中。

    A. 文本框   B. 脚注   C. 第一页   D. 页眉/页脚

(5) 在 WPS 文字中,通过( )功能可以创建文档目录。

    A. 题注   B. 交叉引用   C. 尾注   D. 样式

2. 判断题

( )(1) 在 WPS 文字中,页面设置针对的是整个文档。

( )(2) 在 WPS 文字中,用户不但能插入封面和页码,而且还可以制作文档目录。

( )(3) 在 WPS 文字中,对艺术字的处理不同于对字符的处理,它更类似于对图形的处理。

( )(4) 在 WPS 文字中,可以使用"Ctrl+X"快捷键来选择整个文档的所有内容。

( )(5) 在打印文档时,如果只需打印第 2 页、第 6 页和第 7 页,则应在"页面范围"文本框中输入"2、6、7"。

3. 实践题

WPS 文字的批注和修订功能是在协作编辑和审查文档时经常需要用到的工具,这两项功能可以便于用户进行意见交流和保存修改记录。

请以小组为单位使用 WPS 文字中的批注功能,对岗位实习报告进行互评,并提出修改建议。小组成员根据修改建议,使用修订功能对文档进行修改,以清晰地展示文档的修改历史记录,以便后续对修改内容进行审核和确认。

 评价总结

自查学习成果,填写表 3.4.4,已达成的打"√",未达成的记录原因。

表 3.4.4 学习成果自查表

基本情况		
课前准备:_____分钟	课堂学习:_____分钟	课后练习:_____分钟
学习合计:_____分钟		

学习成果	已达成	未达成原因
我掌握了目录制作和编辑的操作方法	□	
我掌握了制表位的设置和使用方法	□	
我掌握了文档中脚注、尾注、题注的使用方法	□	
我掌握了打印预览和打印参数的设置方法	□	

请结合你的专业与生活,将你在本任务中的收获、体会记录下来。

主题 4
电子表格处理

  电子表格处理是信息化办公的重要组成部分,被广泛应用于财务、管理、统计、金融等领域,在数据分析和处理中发挥着重要的作用。本主题包含工作表和工作簿操作、公式和函数的使用、图表分析展示数据、数据处理等内容。

建议学时
12 学时

- 任务 4.1   采集 GDP 数据(3 学时)
- 任务 4.2   用公式处理数据(3 学时)
- 任务 4.3   分析 GDP 增长情况(3 学时)
- 任务 4.4   数据可视化及报告撰写(3 学时)

任务 4.1 采集 GDP 数据

学习目标

1. 了解数据分析的一般步骤和方法。
2. 掌握数据需求分析的方法，能够从可靠的途径收集、整理数据。
3. 掌握工作簿、工作表、单元格的基本操作方法，能够对工作表、单元格进行格式设置和美化。
4. 具备数据保护意识和能力，熟悉工作簿和工作表的保护操作。
5. 具备仔细、务实的工作态度，能够高效地完成任务。

情境任务

国内生产总值（GDP）所衡量的经济总量体现了国家的整体经济实力。为了展现改革开放以来，我国经济发展所取得的成就，学校近期要布置一个"改革开放以来，我国 GDP 增长成就展"。为此，学校委托信息技术社团提供数据资料，通过数据展示改革开放以来我国 GDP 增长的历程与成就。小李作为社长，愉快地接下了这个任务，请你协助小李制定任务方案，收集和处理数据。

任务准备

1. 制定任务方案，明确任务流程

资料 4.1.1　　　　　　　　　　数据分析的一般流程

（1）明确数据分析的目的和需求：在开始进行数据分析工作之前，必须明确数据分析的目的和需求，为收集数据、分析数据提供清晰的目标，确保数据分析结果满足需求方的诉求。

（2）确定分析的思路和方法：根据分析目的确定合适的分析思路和方法，即从分析目的出发，全面、深入地拆解分析维度，确定分析方法，最终形成完整的数据指标体系。

（3）数据收集：根据确定的分析思路和方法，收集相关的数据。这些数据可能来自不同的渠道，数据的类型也不尽相同（如关系型数据库、非关系型数据库、多维数据库、Excel 文件等）。

（4）数据处理：数据处理是数据分析过程中的重要一步，它包括对数据的清洗、整理、转换等操作，以便进行后续的分析。这个过程可能需要处理缺失值、异常值、重复值等问题。

（5）数据分析：利用科学的数据统计、数据挖掘等方法对处理后的数据进行深入的分析，提取有价值的信息。

（6）结果展示和报告撰写：将分析结果以文字、表格、可视化图形等方式进行展示，并撰写相应的分析报告，以供决策者参考使用。

以上流程为通用的数据分析框架，具体执行时可能需要根据具体情况对以上流程进行调整和优化。在进行数据分析时，保持步骤的清晰和逻辑的严密有助于提高分析的准确性和有效性。

操作探究

学习资料 4.1.1 数据分析的一般流程，并根据学校的布展要求制定任务方案。首先在 WPS 文字软件中，打开 WPS AI 功能，输入主题"数据分析的一般逻辑和流程"，然后参考 AI 生成的文档内容并结合学习资料制定任务流程，最后将流程及其作用记录在表 4.1.1 中。

表 4.1.1　任务流程及作用

任务流程	作　用
明确数据分析的目的和需求	
确定分析的思路和方法	
数据收集	
数据处理	
数据分析	
结果展示和报告撰写	

2. 知道工作簿、工作表的概念和操作方法

资料 4.1.2   工作簿、工作表的基本概念与操作

1. 工作簿、工作表和当前工作表

一个 Excel 文件就是一个工作簿，其扩展名为".xlsx"，每个工作簿内最多可以含有 255 个工作表。

工作表是电子表格处理数据的主要"场所"，每个工作表由单元格、行号、列标和工作表标签等组成。行号显示在工作表的左侧，依次用数字 1,2,3,…,1 048 676 表示；列号显示在工作表上方，依次用字母 A, B,…, XFD 表示。工作表标签默认为 sheet1，用来显示工作表的名称。当前活动的工作表标签底纹为白色，其余的为灰色，点击标签可切换显示工作表。

工作簿、工作表的基本操作

在 Excel 中，工作簿、工作表、单元格三者是包含的关系，即工作簿包含工作表，工作表包含单元格。

2. WPS 表格界面介绍

WPS 表格界面如图 4.1.1 所示。

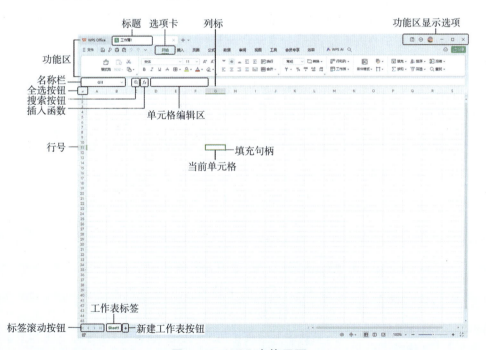

图 4.1.1   WPS 表格界面

3. 工作簿与工作表的基本操作

（1）工作簿的管理：包括工作簿的新建、保存、关闭及保护操作，其中，前三项操作与

文档处理相似,因此这里只介绍保护工作簿的操作方法。

当不希望别人打开工作簿时,可执行保护工作簿操作。方法1:单击"文件"菜单,选择"选项"命令,单击"安全性"选项卡,在打开的窗口输入密码即可。方法2:单击"文件"菜单,选择"另存为"命令,在打开的"另存为"对话框中单击"加密"按钮,然后在对话框中设置密码即可。

(2) 工作表的管理:包括选择、插入、重命名、移动和复制、删除、隐藏工作表,以及设置工作表标签的颜色、字号,冻结工作表等。

① 选择工作表。如果要选择多个连续的工作表,可在按住"Shift"键的同时单击要选择的工作表标签;如果要选择多个不相邻的工作表,可在按住"Ctrl"键的同时,分别单击要选择的工作表标签;如果要选定所有工作表,可以右击工作表标签,在快捷菜单中选择"选定全部工作表"命令。

② 插入工作表。方法1:单击工作表标签右侧的"新建工作表"按钮,在现有工作表的末尾插入一个新的工作表。若要在某一个工作表之前插入新的工作表,可在选中该工作表后,单击"开始"选项卡中的"工作表"按钮,在下拉列表中选择"插入工作表"命令。方法2:右击工作表标签,在弹出的快捷菜单中执行"插入工作表"命令,可以在工作表前或后插入新的工作表。

③ 重命名工作表。方法1:双击工作表的名称,然后直接输入新的工作表名称即可。方法2:右击工作表标签,在快捷菜单中执行"重命名"命令。方法3:选中工作表标签,单击"开始"选项卡中的"工作表"按钮,在下拉列表中选择"重命名"命令。

图 4.1.2 移动或复制工作表

④ 移动和复制工作表。若要在同一个工作簿中移动工作表,可单击要移动的工作表标签,然后按住鼠标左键不放,将其拖到所需位置。若在拖动的过程中按住"Ctrl"键,则表示要复制工作表,原工作表会依然保留。若要在不同的工作簿之间移动或复制工作表,可先选中要移动或复制的工作表,然后单击"开始"选项卡中的"工作表"按钮,在下拉列表中选择"移动或复制工作表"命令,弹出"移动或复制工作表"对话框,如图4.1.2所示。在"将选定工作表移至工作簿"的下拉列表中选择目标工作簿(复制前需要将该工作簿打开),在"下列选定工作表之前"列表中设置工作表移动的目标位置,然后单击"确定"按钮,即可将所选工作表移动到目标工作簿的指定位置;若选中对话框中的"建立副本"复选框,则可将工作表复制到目标工作簿的指定位置。

⑤ 删除工作表。方法1:单击要删除的工作表标签,再单击"开始"选项卡中的"工作表"按钮,在下拉列表中选择"删除工作表"命令。如果工作表中有数据,则需在弹出的提示对话框中单击"确定"按钮。方法2:直接右击工作表标签,在快捷菜单中执行"删

除工作表"命令。

⑥ 隐藏工作表。当工作簿中有多张工作表时,可以将暂时不用的工作表隐藏起来。方法1:选中需隐藏的工作表,右击鼠标,在弹出的快捷菜单中选择"隐藏工作表"命令。在工作表被隐藏后,其对应的工作表标签即会消失,因而无法切换到该工作表,也无法对该工作表做任何操作。如要恢复显示该工作表,可在工作表标签处右击鼠标,在弹出的快捷菜单中选择"取消隐藏工作表"命令,然后选择需要再次显示的工作表。方法2:单击"开始"选项卡中的"工作表"按钮,在下拉列表中选择"隐藏工作表"命令。

⑦ 设置工作表标签的颜色、字号。修改标签颜色的方法为:右击工作表标签,在快捷菜单中执行"工作表标签/标签颜色"命令,然后选择所需的颜色即可。修改标签字号的方法为:右击工作表标签,在快捷菜单中选择"字号"命令。

⑧ 冻结工作表。在查看数据工作表时,为了能一直看到标题行,可以单击标题行下一行中的任意单元格,单击"视图"选项卡中的"冻结窗格"按钮,在下拉列表中选择"冻结首行"命令。此时,标题行下方会有一根黑色线条。当拖动垂直滚动条浏览数据时,标题行会始终显示,且每列数据内容清晰可见。如果要取消冻结窗格,可单击"视图"选项卡中的"冻结窗格"按钮,在下拉列表中选择"取消冻结窗格"命令。

操作探究

学习资料4.1.2 工作簿、工作表的基本概念与操作,了解工作簿、工作表和当前工作表的概念及区别。观察电子表格工作界面,记录界面的名称与功能。掌握新建、保存、打开、关闭和保护工作簿,切换、插入、删除、重命名、移动、复制、冻结、显示和隐藏工作表,以及修改工作表标签颜色、字号等操作,记录你的操作内容。

(1) 一个Excel文件就是一个_____,每个工作簿内最多可以含有_____个工作表,每个工作表由_____、_____、_____和_____等组成。工作簿、工作表、单元格三者是_____的关系。

(2) 观察电子表格工作界面,找到并记录各区域的名称和功能。

表4.1.2 电子表格工作界面

区域	名称	是否找到(打"√")	功能
工作簿	标题		
功能区	功能区显示选项		
	选项卡		

（续表）

区域	名称	是否找到(打"√")	功能
工作表	名称栏、全选按钮		
	插入函数		
	行号、列标		
	工作表标签		
	标签滚动按钮、新建工作表按钮		
单元格	单元格编辑区		
	当前单元格、填充句柄		

在对工作簿、工作表进行操作的过程中，你是否遇到问题？记录问题并寻求解决方法。

我的问题：_____

解决方法：_____

3. 知道单元格、行和列的基本操作方法

资料 4.1.3　　　　　　　　　　**单元格、行和列的基本操作**

1. 选定操作

（1）选定单个单元格。方法1：在名称栏中直接输入单元格的地址（如第3行的A列，即为"A3"），然后按"回车"键，此时该单元格被称为活动单元格。方法2：直接用鼠标单击要选择的单元格。

单元格、行和列的基本操作

（2）选中矩形区域。方法1：单击鼠标选中起始单元格，然后在按住"Shift"键的同时单击终止单元格。方法2：以鼠标拖曳的方式选择一个矩形区域。

（3）选中行、列或整个工作表。单击行号或列标即可选中整行或整列；单击行号与列标交叉处的全选按钮即可选中整个工作表。

（4）选择不连续的单元格或区域。在选择单元格或区域时按下"Ctrl"键，即可实现不连续单元格或区域的选择功能；使用"Shift"键可选中连续的单元格或区域。

2. 删除或插入操作

右击需要删除的单元格(区域)、行或列,在弹出的快捷菜单中执行"删除"命令。插入单元格(区域)、行或列的命令路径与删除相同。

3. 单元格的合并与拆分

单元格的合并是指将相邻若干个单元格合并成一个单元格。合并后,单元格的数据只保留第一个单元格中的数据。方法为:选中要合并的单元格区域,单击"开始"选项卡中的"合并"按钮,在下拉列表中选择"合并居中"命令;若要拆分该已被合并的单元格,可在下拉列表中选择"取消合并单元格"命令。

4. 行高与列宽的设置

方法 1:单击"开始"选项卡中的"行和列"按钮,在下拉列表中选择"行高"或"列宽",以精确地调整行高与列宽,如图 4.1.3 所示。方法 2:将鼠标指针移到行与行之间(列与列之间)的分隔线上,拖动分隔线到合适的位置,可粗略地调整行高与列宽。若要根据内容自动调整行高与列宽,可单击"开始"选项卡中的"行和列"按钮,在下拉列表中选择"最适合的行高"或"最适合的列宽"。

图 4.1.3 行高与列宽的设置

操作探究

学习资料 4.1.3 单元格、行和列的基本操作,记录选定、添加、删除单元格、行和列的操作,以及设置行高、列宽,根据内容自动调整行高、列宽等操作。自主学习单元格格式的设置方法,包括数字格式、对齐、边框、图案、保护等。

请完成以上操作,并在表 4.1.3 中记录你的操作情况及问题。

表 4.1.3 单元格、行和列的操作情况记录

区域	名称	是否掌握(打"√")	操作问题及解决方法
行、列的操作	行、列的选定、添加、删除、移动		
	行高、列宽的设置和自动调整		
单元格的操作	单元格的选定、编辑、删除		
	单元格内容的编辑、修改、清除		
	数据的复制、粘贴,格式刷		
	* 数据填充(等差、等比数据输入)		

(续表)

区域	名称	是否掌握(打"√")	操作问题及解决方法
	＊ 单元格数字格式的设置和转换		
	＊ 单元格的边框、图案及保护设置		
	＊ 单元格的对齐、字体、区域命名		
	＊ 批注的插入、删除、隐藏、取消隐藏		

说明:标注"＊"的内容未提供相应的学习资料,请通过网络资源自主学习。

 任务实施①

第一步 分析数据需求,明确需要收集的数据清单。

结合对 GDP 数据各项指标的解读,分析需要收集的数据指标、数据范围(时间段)以及该指标的意义,列出数据需求清单。

表 4.1.4 数据需求清单

数据指标	数据范围	指标的意义
国民总收入(GNI)(亿元)		
国内生产总值(GDP)(亿元)		
国内生产总值增长率(%)		
三次产业增加值(亿元)		
三次产业增加值增长率(%)		
人均国内生产总值(人均 GDP)(元)		
人均国内生产总值增长率(%)		
地区生产总值(亿元)		

第二步 了解数据收集的途径,并收集数据。

(1) 在 WPS 文字中,打开 WPS AI 功能,为 AI 提供"获取改革开放以来我国 GDP 增长数据的途径"这一主题,让 AI 生成文档内容,提取关键信息并记录下来。

获取数据的途径包括:

(2) 登录国家统计局等官方网站收集相关数据,并通过学校图书馆网站访问中国知网,下载相关论文,然后将提供数据的网址和论文题目写在表 4.1.5 中。

---

① 说明:建议先使用教材配套素材中的数据(截至 2022 年的我国 GDP 数据)进行操作练习,然后再运用自行采集的我国最新的 GDP 数据进行操作和分析。

表 4.1.5　数据收集情况记录

收集数据的网址	从中国知网下载的论文题目

第三步　创建工作簿，整理数据。

1. 数据清洗

根据数据来源判断数据的可靠性、准确性，对数据进行筛选、删减，然后将整理好的数据填入工作簿中，检查数据的完整性、规范性。

我国 GDP 数据的处理

（1）你所收集到的数据是否存在不一致、相互矛盾的情况？你是如何处理的？

　　处理方法：

（2）你收集到的数据是否存在一些缺失值、异常值、重复值？你是如何处理的？

　　处理方法：

2. 数据预处理

（1）创建名为"改革开放以来我国 GDP 数据及增速"的工作簿。

（2）打开"素材 4.1.1.xls"，将数据复制到工作簿中。打开"素材 4.1.2.xls"，将所有数据批量减 100，然后粘贴到工作簿中。

为什么要将原始的"国内生产总值指数"数据统一减 100？如何通过"选择性粘贴"工具实现这一功能？

　💬 原因：

　💬 实现方法：

第四步 格式化数据,设置单元格格式、表格样式等,美化表格。

请记录你对单元格、行和列的操作内容。

(1) 插入标题、修改格式:

(2) 调整列的位置和列宽:

(3) 数据保留一位小数:

(4) 数据按年份升序排序:

(5) 套用表格样式:

第五步 保护数据,增加数据的安全性。

(1) 为工作簿设置密码,保护文档数据,并记录你的操作步骤。
主要操作步骤:

(2) 请对工作表进行保护,记录你的操作步骤。
① 锁定单元格:
② 保护工作表:
③ 撤销工作表保护:

拓展提高

国家对 GDP 增长的目标

《"十四五"规划》明确提出,展望 2035 年,我国将基本实现社会主义现代化,其中包括人均国内生产总值(即人均 GDP)达到中等发达国家水平。专家指出,中等发达国家有一个基本指标,就是人均 GDP 达到 2.5 万美元。2022 年,中国的人均 GDP 是 1.27 万美元(按年平均汇率折算),由 1.27 万美元走向 2.5 万美元,这是一个非常大的发展空间。在这样一个发展进程中,我们的市场要迅速扩展,不管是扩大内需还是消费,都有很大的空间。

要实现《"十四五"规划》中的目标,就必须坚持党的全面领导,充分调动一切积极因素,广泛团结一切可以团结的力量,形成推动发展的强大合力。

 **善思**

上网查阅相关资料,分析"人均国内生产总值"这个指标的意义。

 练习思考

1. 单选题

(1) 如果要在电子表格中输入身份证号码,则需把单元格数据设置为( )。

 A. 数值   B. 日期

 C. 文本   D. 科学记数

(2) 已知单元格 A1 的值为 5,B1 的值为 6,C1 的值由 A1+B1 得到。若要将 C1 的值复制到单元格 D1 中,则应使用"选择性粘贴"中的( )命令。

 A. 全部   B. 公式

 C. 数值   D. 格式

(3) 在电子表格中,为了避免输入不在指定范围内的数据,可以设置( )。

 A. 数据保护   B. 数据验证(数据有效性)

 C. 拼写检查   D. 数据完整性

2. 判断题

( )(1) 在采集数据前不需要拟定数据采集的方案,可以边做边定。

( )(2) 在导入数据时,不需要对数据进行查验,直接导入即可。

( )(3) 在线数据处理平台便于企业和个人进行协同工作,提高工作和生产效率。

3. 实践题

学校团委的王老师想了解全校同学参加志愿者活动的情况,请设计汇总志愿者活动情况的表格。

评价总结

自查学习成果,填写表 4.1.6,已达成的打"√",未达成的记录原因。

表 4.1.6 学习成果自查表

基本情况

课前准备:_____分钟   课堂学习:_____分钟   课后练习:_____分钟
学习合计:_____分钟

学习成果	已达成	未达成原因
我知道数据分析的一般步骤和方法	☐	
我知道电子表格窗口各区域的元素及其作用	☐	
我能对工作簿、工作表进行基础操作	☐	
我理解了单元格的含义,能进行单元格、行、列的相关操作	☐	
我会使用填充柄填充数据,设置数据显示方式	☐	
我具备数据安全意识,能设置文档加密和工作表保护	☐	

请结合你的专业与生活,将你在本任务中的收获、体会记录下来。

_____
_____
_____
_____
_____
_____
_____

任务 4.2　用公式处理数据

学习目标

1. 理解公式的结构，能创建正确的公式。
2. 理解相对地址和绝对地址，掌握单元格地址的引用方法。
3. 理解公式的复制和使用，掌握运用公式进行数据处理的方法。
4. 理解函数的构成，掌握常用函数的使用方法。
5. 能够在数据加工处理的过程中，尊重原始、真实的数据，具备信息社会责任意识。

情境任务

小李想要结合收集到的数据，分析我国 GDP 数据的增长情况，以及不同省份、地区生产总值的排名情况等。你能和他一起完成 GDP 数据统计任务吗？

任务准备

1. 引用单元格

资料 4.2.1　　单元格地址的引用

1. 单元格引用的类型

当我们在运用公式、函数的时候，单元格的引用具有十分重要的作用。引用即指标识工作表上的单元格或单元格区域，并指明公式中所引用数据的位置。我们不但可以引用本工作簿中所有工作表内的数据，也可以引用其他工作簿中的任何数据。在引用单元格数据后，公式的运算值将随着被引用的单元格数据的变化而变化。单元格引用可分为相对引用、绝对引用和混合引用。

单元格地址的引用

(1) 相对引用:基于所引用单元格的相对位置。如果公式所引用单元格的位置发生了改变,其引用的值也随之改变。在默认情况下,新建公式运用的是相对引用。此时,被引用的单元格地址称为相对地址,例如"F10"即表示相对地址。

(2) 绝对引用:在被引用时,单元格的位置是固定不变的。如果公式所引用单元格的位置发生了改变,其引用的值保持不变。此时,被引用的单元格地址称为绝对地址。实际上,只要在相对地址前加上"$"符号,相对引用就会变成绝对引用,例如"＄F＄10"就是绝对地址。

(3) 混合引用:在行和列的地址中分别使用了相对引用和绝对引用,如"＄F10"或者"F＄10"。如果公式所引用单元格的位置发生了改变,则相对引用地址改变,而绝对引用地址不变。

2. 工作表引用的格式

引用工作表的格式是"〈工作表的引用〉!〈单元格的引用〉"。例如,在计算商品价格时,折扣率数列放在了 A 工作簿的 Sheet3 工作表的由 F 列 10 行开始的单元格中,那么引用的就是"[A.XLS]Sheet3!＄F10"。引用是可以跨工作簿的,但被引用的工作簿要处于打开状态。

操作探究

学习资料 4.2.1 单元格地址的引用,了解单元格引用的重要性,理解并记录相对引用、绝对引用、混合引用的区别及使用方法。

(1) 在相对地址前加上 _____ 符号可以变成绝对引用。

(2) 可以引用其他工作簿中的数据吗？ □可以　□不可以

(3) 若要引用 B 工作簿(其他工作簿)的 Sheet2 工作表的 E6 单元格中的数据,被引用的工作簿 B 要处于 _____ 状态,引用的表述是 _____。

2. 了解公式

资料 4.2.2　　　　公式的概念、设计与使用

公式是对单元格中数据进行处理的等式,用于完成算术、比较或逻辑运算。输入公式时必须以"="开头,其后为运算符和操作数,否则 WPS 表格会将输入的内容作为文本型数据处理。运算符是用来对公式中的元素进行运算而规定的特殊符号,可以是算术运算符、比较运算符、文本运算符和引用运算符;操作数可以是常量、单元格引用和函数等。例

公式的概念、设计与使用

如,"=A1+B1""=C3*0.6+D4""=SUM(A3:D4)"等都是公式。

1. 使用运算符

（1）算术运算符：用于对两个数值进行基本的数学计算，计算的结果为数值型。算术运算符包括：＋(加)、－(减)、*(乘)、/(除)、^(乘方)和％(百分比)等。

（2）比较运算符：用于对两个数值进行比较，比较的结果为逻辑值，即TRUE(真)或FALSE(假)。比较运算符包括：＞(大于)、＜(小于)、＝(等于)、＞＝(大于等于)、＜＝(小于等于)、＜＞(不等于)。

（3）文本运算符：即"&"(与)，可将两个或多个文本值串起来形成一个连续的文本值。例如：输入"计算机"&"基础教程"会生成"计算机基础教程"。

（4）引用运算符：对单元格区域中的数据进行合并计算。引用运算符有如下三种：

① 区域运算符：冒号(:)，用于引用单元格区域，如"A2:D4"。

② 联合运算符：逗号(,)，用于引用多个单元格区域，如"A2,D4"。

③ 交叉运算符：空格，用于引用两块单元格区域的交叉部分，如"A1:B2 B1:C2"。

公式中运算符的顺序从高到低依次为：冒号(:)、逗号(,)、空格、负号(－)、百分比(％)、乘方(^)、乘和除(*和/)、加和减(＋和－)、文本运算符(&)、比较运算符。当运算符优先级相同时，按从左到右的顺序计算。

2. 输入公式

若要输入公式，可以在单元格编辑区进行，也可以双击该单元格进行。具体方法为：先输入"＝"，然后输入用于计算的表达式，最后按"回车"键或者单击编辑栏中的"输入"按钮，完成公式的输入。

此外，也可以采用复制的方法输入公式，具体方法为：选定含有公式的被复制的单元格，单击鼠标右键，在快捷菜单中选择"复制"命令，鼠标移到目标单元格并右击，在快捷菜单中选择"粘贴公式"命令，完成公式的输入；也可以选定含有公式的被复制单元格，拖曳填充柄完成相邻单元格公式的填充。

操作探究

学习资料4.2.2 公式的概念、设计与使用，将下面的内容补充完整。

（1）公式是以＿＿＿＿符号开始的一个表达式，计算结果显示在＿＿＿＿中，公式本身则显示在＿＿＿＿中。

（2）若要使用公式计算"A1至A6单元格数据之和"，可将公式设计为：

3. 知道函数

资料 4.2.3　　　　　　　　　函数的概念与使用方法

函数是一些预定义的公式，包括函数名和参数。函数的使用过程为：用户把参数传递给函数，函数按特定的指令对参数进行计算，然后把计算的结果返回给用户。

函数的概念与使用方法

WPS 表格函数分为财务函数、日期与时间函数、数学与三角函数、统计函数、查询与引用函数、数据库函数、文本函数、逻辑函数、信息函数、工程函数等类型。其中较常用的函数有：SUM、AVERAGE、COUNT、MAX、MIN、IF，以及表示逻辑"与、或、非"的 AND、OR、NOT 函数。

(1) 函数的语法。WPS 表格函数调用的语法结构包括函数名和参数两个部分，其一般形式为：函数名(参数 1,参数 2,…)。其中，函数名说明函数要执行的运算；参数指函数运算所需的数值或单元格，参数可以是常数、单元格地址、单元格区域、单元格区域名称和函数等。

(2) 函数的调用方法。若要在某个单元格中计算"C3：C10"及"D16：D23"区域的和，可以采用如下方法。

方法 1：在公式中直接调用，即直接在单元格中输入公式："=SUM(C3：C10,D16：D23)"。

方法 2：①选定单元格，单击单元格编辑区中的"fx"按钮或者"公式"选项卡中的"插入函数"按钮，选择需要的函数并单击"确定"按钮，打开"函数参数"对话框，选择"SUM"函数。②单击"函数参数"对话框数值 1 右侧的"切换"按钮，此时隐藏"函数参数"对话框的下半部分，鼠标拖选工作表"C3：C10"区域，再次单击"切换"按钮，恢复显示"函数参数"对话框的全部内容。③用同样的方法，单击数值 2 右侧的"切换"按钮，拖选工作表"D16：D23"区域，单击"确定"按钮。此时，该单元格显示公式"=SUM(C3：C10,D16：D23)"，如图 4.2.1 所示。

图 4.2.1　插入函数

请查阅资料,记录下列函数的功能。
SUM 函数的功能:
AVERAGE 函数的功能:
COUNT 函数的功能:
MAX 函数的功能:
MIN 函数的功能:
RANK 函数的功能:
IF 函数的功能:
COUNTIF 函数的功能:

操作探究

学习资料 4.2.3 函数的概念与使用方法,将下面的内容补充完整。

(1) 函数是一些预定义的公式,包括_____和_____。WPS 表格函数分为:_____、_____、数学与三角函数、统计函数、查询与引用函数、数据库函数、文本函数、逻辑函数、信息函数、工程函数等类型。其中较常用的函数有:_____、_____、_____、_____、_____、_____,以及表示逻辑"与、或、非"的_____、_____、_____函数。

(2) 若要使用函数计算"A1 至 A6 单元格数据之和",该用什么函数?如何计算?

任务实施①

第一步 分析需求,设计公式。

(1) 利用"素材 4.2.1"中的数据计算 GDP 年增长率和某段时间内的 GDP 年平均增长率,可先根据数据特点及内容,设计并确定公式。

在设计公式时,可以通过 WPS 表格中的 WPS AI 功能进行辅助设计。操作方法为:向 AI 提供执行公式的目的和需求,然后对生成的公式进行检查和修改。

请记录你设计的公式,并保存操作结果。

分析我国 GDP 数据增长的方法

🔍 fx

---

① 说明:建议先使用教材配套素材中的数据(截至 2022 年的我国 GDP 数据)进行操作练习,然后再运用自行采集的我国最新的 GDP 数据进行操作和分析。

（2）利用提供的 GDP 数据，计算改革开放以来，我国 GDP 翻一番用了多久，翻两番用了多久。根据数据的特点及要求，设计、确定公式，并将公式记录下来。

第二步 使用 SUM、AVERAGE、COUNT、MAX 等常用函数完成数据处理。

调用函数计算不同地区生产总值的和、平均值、最大值，复制函数，填充目标区域。记录你设计的函数，并保存操作结果。

第三步 使用 RANK 函数对各省份的生产总值进行排名。

结合 2022 年不同省份的地区生产总值数据，按地区进行排名，复制函数，填充目标区域。记录你设计的函数，并保存操作结果。

第四步 使用 COUNTIF、AVERAGEIF 等统计函数分析数据。

（1）国际上在计算 GDP 的时候，为了有一个统一的货币体系，一般以美元作为换算标准。结合我国 2022 年各省份的地区生产总值数据，计算数值超过 1 亿美元的省份个数、华东地区生产总值的平均值。请探索使用 COUNTIF、AVERAGEIF 等函数来实现目标，记录你设计的函数，并保存操作结果。

（2）请在网上查询今天的中美汇率并记录下来，换算 1 亿美元等于多少亿元人民币。

中美汇率：1 美元≈ 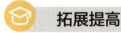 人民币

换算：1 亿美元≈ _____ 人民币

拓展提高

日期函数的使用方法

（1）YEAR、MONTH、DAY 函数：计算给定日期中的年、月、日的函数，其语法格式为：YEAR(Serial_number), MONTH(Serial_number), DAY(Serial_number)。

参数 Serial_number 是一个日期值。YEAR 返回某日期的年份，返回值为 1900 至

9999之间的整数。MONTH返回某日期的月份，返回值为1至12之间的整数。DAY返回某日期的天数，返回值为1至31之间的整数。

（2）NOW函数：返回当前的时间。

（3）TODAY函数：返回当前的日期。

（4）EDATE函数：用于计算某个日期的指定月份之后的日期，其语法格式为：EDATE(Start_date,Months)。Start_date为指定的日期，Months是间隔的月份，为正数时返回未来的日期，为负数时返回过去的日期。

（5）DATEDIF函数：返回某个日期与指定日期之间的天数、月数或年数，其语法格式为：DATEDIF(Start_date,End_date,Unit)。DATEDIF函数中的Start_date和End_date分别表示起始日期和结束日期；第三个参数Unit若为"y"，表示返回值为年，若为"m"，表示返回值为月份，若为"d"，表示返回值为天数。

利用提供的"素材4.2.2"，探索日期函数的使用与计算方法，并记录你的操作过程及结果。

 练习思考

1. 单选题

（1）在运动会赛项积分表中设有"总分"字段(F列)，现要求按总分在G列输入排名，可以使用(　　)函数。

  A. RANK   B. AVERAGE   C. SUM   D. VLOOKUP

（2）若要在单元格中输入一个公式，则先要输入符号(　　)。

  A. =   B. $ C. +   D. < >

（3）下列公式中与函数"SUM(B1:B4)"不等价的是(　　)。

  A. SUM(B1:B3,B4)   B. SUM(B1+B4)

  C. SUM(B1+B2,B3+B4)   D. SUM(B1,B2,B3,B4)

2. 判断题

（　　）（1）公式中可以包括函数、引用、运算符和常量。

（　　）（2）混合引用是指在单元格的行号和列号前各加一个"$"符号来表示单元格的地址。

3. 实践题

灵活运用地址引用的方法,用公式填充功能完成乘法口诀表的制作。

评价总结

自查学习成果,填写表 4.2.1,已达成的打"√",未达成的记录原因。

表 4.2.1　学习成果自查表

基本情况

课前准备:＿＿＿＿分钟　　课堂学习:＿＿＿＿分钟　　课后练习:＿＿＿＿分钟
学习合计:＿＿＿＿分钟

学习成果	已达成	未达成原因
我学会了设计公式,掌握了复制公式的方法	☐	
我理解了相对地址、绝对地址、混合地址的引用方法	☐	
我掌握了 SUM、AVERAGE、MAX、MIN 函数的使用方法	☐	
我掌握了 RANK、IF 函数的使用方法	☐	
我掌握了 COUNTIF、AVERAGEIF 函数的调用方法	☐	
我会借助"帮助"功能和 WPS AI 功能来学习函数的使用方法	☐	
我具备尊重真实、原始数据的意识,不会随意篡改数据	☐	

请结合你的专业与生活,将你在本任务中的收获、体会记录下来。

任务 4.3　分析 GDP 增长情况

学习目标

1. 掌握数据排序和数据筛选的概念及操作步骤。
2. 理解数据分类汇总的作用，能够应用分类汇总功能进行计算。
3. 理解数据透视表的作用，掌握数据透视表的操作方法。
4. 能够根据实际情况，灵活使用排序、筛选、分类汇总、数据透视表等功能进行数据的处理和分析。
5. 能将计算思维运用到解决与职业岗位、生活情境相关的实际问题的过程中。

情境任务

在大数据时代，仅获得或占有数据是远远不够的，只有科学、合理地对数据进行分析和处理，才能获取更多深入且有价值的信息。请帮助小李筛选、分析 GDP 数据，发现数据中的更多信息。

任务准备

1. 数据筛选

资料 4.3.1　　　　　　　　　　数据筛选

数据筛选是在工作表中找出符合条件的记录（行），而将不符合条件的记录隐藏起来的过程。筛选形式有自动筛选和高级筛选，可单击"开始"选项卡中的"筛选"按钮进行筛选，如图 4.3.1 所示。

数据筛选

1. 自动筛选

自动筛选适用于简单条件的筛选。操作方法为：单击"筛选"按钮，工作表标题行上增加了"▼"按钮，单击此按钮打开下拉列表，在下拉列表中设置筛选条件，或者执行列表

图 4.3.1 数据筛选

中的"自定义筛选"命令,打开"自定义自动筛选方式"对话框进行设置,如图 4.3.2 所示。自动筛选只筛选一个字段;当涉及多个字段时,可采用执行多次自动筛选的方式来完成。

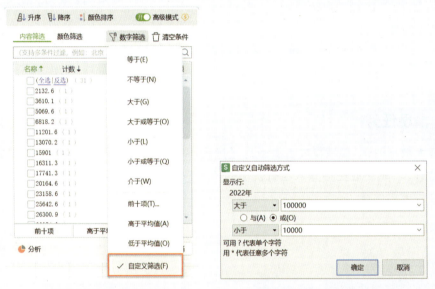

(a) "自定义筛选"按钮　　　　　(b) "自定义自动筛选方式"对话框

图 4.3.2 自定义筛选

2. 高级筛选

如果筛选条件涉及多个字段,可使用高级筛选功能,从而实现复杂条件的筛选。在使用高级筛选时,必须建立一个条件区域,条件区域至少包含两行,其中第一行作为筛选条件的列标题名称,第二行及以下各行则是该列的筛选条件;将具有"与"关系的多重条件放在同一行,具有"或"关系的多重条件放在不同行。条件区域的字段名最好采用复制的方法放在条件区域,条件区域与工作表数据清单要隔开一行或一列。具体来说,高级筛选一般要经过三个步骤:①构造筛选条件;②指定条件区域、筛选结果显示的区域;③执行高级筛选(单击"数据"选项卡中的"筛选"按钮,在下拉列表中选择"高级筛选"命令)。

3. 取消筛选

如果要取消工作表中自动筛选和高级筛选的筛选状态,可单击"筛选"组中的"全部显示"按钮,以清除数据的筛选状态。如果再单击"筛选"按钮,则可取消启用的筛选功能,工作表恢复到初始状态。

操作探究

学习资料 4.3.1 数据筛选,记录自动筛选、高级筛选的操作步骤。

(1) 如何筛选介于一定范围内的数据,或是高于平均值的数据?尝试操作并记录主要步骤。

主要操作步骤:

(2) 在使用高级筛选时,需要在条件区域分行输入要筛选的多个条件,处于同一行的筛选条件是_____的关系,处于不同行的筛选条件是_____的关系。

(3) 请使用高级筛选功能筛选出 2018 年和 2022 年地区生产总值均超过 5 万亿元的省份,记录你的筛选数据、筛选条件和筛选结果。

筛选数据:
筛选条件:
筛选结果:

2. 数据排序

资料 4.3.2　　　　　　　　　　**数据排序**

为了便于查看、分析电子表格数据,用户需要对数据进行排序。电子表格处理软件提供了简单排序、复杂排序和自定义排序等多种排序方法。

数据排序

1. 简单排序

简单排序是指根据数据表中的某一字段进行单一排序,可以按照单元格内的数值或者字符串大小排序。操作方法为:选中要进行排序的列中的任意单元格,单击"开始"选项卡中的"排序"按钮,在下拉列表中有"升序""降序"和"自定义排序"三个选项可供选择。此外,在"数据"选项卡中也有"排序"命令组,可进行排序项目的设置。

2. 复杂排序

复杂排序是指对两列或两列以上的数据进行排序。在进行复杂排序时，不仅要设置"主要关键字"的排序依据和次序，还要单击"添加条件"按钮，设置"次要关键字"的排序依据和次序。排序结果会先根据主要关键字排序，然后在主要关键字相同的情况下，再根据次要关键字排序，以此类推，如图 4.3.3 所示。

图 4.3.3　复杂排序

3. 自定义排序

当简单排序和复杂排序都不能满足用户的排序要求时，可以进行自定义排序。操作方法为：在以上出现的"排序"对话框的"次序"选项中，选择"自定义序列"，注意所定义新序列中的每项内容之间要用英文状态下的"逗号"隔开，如图 4.3.4 所示。

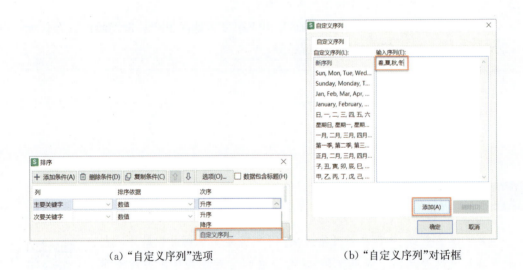

（a）"自定义序列"选项　　　　　（b）"自定义序列"对话框

图 4.3.4　自定义排序

操作探究

学习资料 4.3.2 数据排序，掌握简单排序、复杂排序、自定义排序的功能，尝试操作并回答以下问题。

（1）若需排序的数据内容是中文，则排列顺序是如何确定的？

排列顺序的确定依据：

（2）在什么情况下要使用复杂排序？若将主要关键字和次要关键字互换，结果会有什么不同？

使用复杂排序的情况：

结果的不同之处：

（3）在什么情况下要使用自定义排序？如何添加自定义序列？

使用自定义排序的情况：

添加自定义序列的方法：

3. 数据分类汇总

资料 4.3.3　　　　　　　　　数据分类汇总

分类汇总是指依据列表中的某一类字段进行的汇总，可以根据需要选择不同的汇总方式（如求和、计数、平均值等），如图 4.3.5 所示。在创建分类汇总之前，必须根据分类字段对数据列表进行排序，让同类字段集中显示在一起，然后再进行分类汇总。在对数据进行汇总后，该类字段会组合为一组，同时在屏幕左边自动显示分级符号（"＋"或"－"），单击这些符号可以显示或隐藏对应层上的明细数据。

数据分类汇总

(a)"分类汇总"按钮　　　　　　　(b)"分类汇总"对话框

图 4.3.5　分类汇总

在已经建立好的分类汇总列表的基础上,还可以继续增加其他字段的分类汇总,这便是"嵌套"。要实现"嵌套"分类汇总,只要在新创建分类汇总时,勾选另外需要汇总的选项,同时特别注意取消"分类汇总"对话框中的"替换当前分类汇总"选项。如果要删除已建立的分类汇总,可单击"分类汇总"对话框中的"全部删除"按钮。

操作探究

学习资料 4.3.3 数据分类汇总,了解数据分类汇总的功能,掌握分类汇总的方法,记录操作步骤。

(1) 在创建分类汇总之前,需要对数据进行什么操作?否则会出现什么问题?
需要进行的操作:

出现的问题:

(2) 在已建立的分类汇总中,可以"嵌套"新的分类汇总吗?如何实现?
实现方法:

4. 数据透视表

资料 4.3.4	数据透视表

数据透视表是一种对大量数据进行快速汇总和建立交叉列表的交互式表格。数据透视表可以按多个字段对数据进行分类汇总,并且汇总前不需要进行排序。它不仅可以通过转换行和列来查看源数据的不同汇总结果,也可以显示不同页面已筛选的数据,还可以根据需要显示区域中的细节数据。

数据透视表

数据透视表是从工作表中提取数据信息,对数据清单重新布局和分类汇总的表格类型。它可以更加深入地分析数值数据,并预测数据所反映出的问题。在建立数据透视表时,需要考虑如何汇总数据,然后单击"插入"选项卡中的"数据透视表"按钮来完成表格的建立,如图 4.3.6 所示。

(a) "数据透视表"按钮

(b)"创建数据透视表"对话框　　(c)"数据透视表"参数设置

图 4.3.6　创建数据透视表

学习资料 4.3.4 数据透视表,了解数据透视表的优势和功能,掌握数据透视表的创建、修改字段等操作,记录操作步骤。

(1) 数据透视表具有哪些优势和功能?为什么要使用数据透视表?

优势	功能

使用理由:

(2) 对于建立数据透视表的原始数据,要注意哪些问题?

注意的问题:

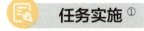

第一步　数据的筛选。

筛选、分析我国的 GDP 数据

---

① 说明:建议先使用教材配套素材中的数据(截至 2022 年的我国 GDP 数据)进行操作练习,然后再运用自行采集的我国最新的 GDP 数据进行操作和分析。

根据本例提供的"素材 4.3.1",筛选出 2022 年地区生产总值超过 10 万亿元或低于 1 万亿元的省份(如图 4.3.7 所示),保存操作结果,并记录你在操作中遇到的问题和解决方法。

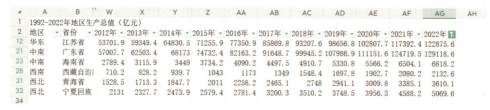

图 4.3.7　筛选效果

 我的问题:

 解决方法:

第二步　数据的排序。

根据本例提供的素材,在工作表中完成按照主要关键字"地区"升序、次要关键字"省份"降序的排列要求,保存操作结果,并记录你在操作中遇到的问题和解决方法。

 我的问题:

 解决方法:

第三步　数据的分类汇总。

使用分类汇总对地区生产总值进行求和汇总,了解不同地区 2018 年、2022 年生产总值的和(如图 4.3.8 所示),保存操作结果,并记录你在操作中遇到的问题和解决方法。

	A	B	AC	AD	AE	AF	AG	AH
1	2018-2022年地区生产总值(亿元)							
2	地区	省份	2018年	2019年	2020年	2021年	2022年	
3	华北	北京市	33106	35445.1	35943.3	41045.6	41610.9	
4	华北	天津市	13362.9	14055.5	14008	15685.1	16311.3	
5	华北	河北省	32494.6	34978.6	36013.8	40397.1	42370.4	
6	华北	山西省	15958.1	16961.6	17835.6	22870.4	25642.6	
7	华北	内蒙古自	16140.8	17212.5	17258	21166	23158.6	
8	华北 汇总		111062.4				149093.8	
9	东北	辽宁省	23510.5	24855.3	25011.4	27569.5	28975.1	
10	东北	吉林省	11253.8	11726.8	12256	13163.8	13070.2	
11	东北	黑龙江省	12846.5	13544.4	13633.4	14858.2	15901	
12	东北 汇总		47610.8				57946.3	
20	华东 汇总		349286.3				462908.5	
27	中南 汇总		252771.3				325988.1	
33	西南 汇总		102273.1				137130.2	
39	西北 汇总		51113.6				70395.3	
40	总计		914117.5				1203462.2	

图 4.3.8　分类汇总的效果

 我的问题： 解决方法：

第四步 数据透视表的建立。

选择合适的字段创建数据透视表，通过报表展示不同地区 2018 年、2022 年生产总值的和，将汇总的结果保留 1 位小数（如图 4.3.9 所示），保存操作结果，并记录你在操作中遇到的问题和解决方法。

图 4.3.9 数据透视表的效果

 我的问题： 解决方法：

第五步 对比分析。

（1）对比第三步与第四步的操作结果，想一想：同样是汇总 2018 年、2022 年地区生产总值的和，使用分类汇总与使用数据透视表的区别是什么？哪种方法更便捷？

区别：

更便捷的方法是：□分类汇总　□数据透视表

（2）除了求和汇总的方式，还可以使用哪些汇总方式？值的显示方式能否更换？

其他汇总方式：

值的显示方式能否更换：□能　□不能

拓展提高

数据透视图

虽然数据透视表已经能较全面地显示数据信息,但有时为了能让用户更直观地了解数据信息,还可以通过数据透视图来表示。数据透视图是针对数据透视表显示的汇总数据而实行的一种图解表示方法,需要基于数据透视表才能够创建。

创建数据透视图的方法是:单击"插入"选项卡中的"数据透视图"按钮,在弹出的"创建数据透视图"对话框中设置参数。WPS表格的各项图表特性大多数都能应用到数据透视图中。

请根据本任务所做的数据透视表的内容制作数据透视图,如图 4.3.10 所示。

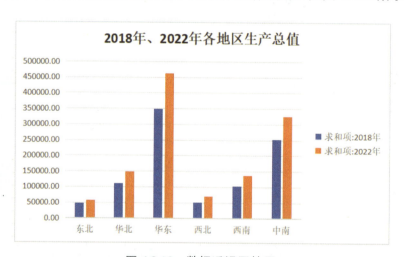

图 4.3.10　数据透视图效果

 练习思考

1. 单选题

(1) 在对文本数据进行排序时,默认的排序方式是(　　)。

  A. 按区位码排序

B. 按序列排序

C. 按字母排序

D. 按笔画排序

(2) 关于数据透视表,以下说法错误的是( )。

A. 它是汇总、浏览、呈现数据的高效工具

B. 可以根据需求快速调整结果的显示方式

C. 一次只能对一个字段进行分类汇总

D. 可以根据数据透视表创建数据透视图

(3) 在 WPS 表格中,不能利用已有数据生成新数据的方法是( )。

A. 使用函数

B. 使用排序

C. 使用分类汇总

D. 使用公式

2. 判断题

( )(1) 当数据透视表的数据更新时,数据透视图会自动随之更新。

( )(2) 在工作表中可以按照单元格的颜色进行排序。

( )(3) 在进行数据的分类汇总时,一定要先对数据进行排序。

3. 实践题

在线数据分析也称联机分析处理,是一种新兴的软件技术,能快速灵活地进行数据的复杂查询处理,且能提供可视化的交互操作界面。一些问卷系统也提供了对问卷数据进行在线分析的工具。此外,专业的在线数据分析平台提供了功能强大的数据采集、数据分析等功能,为用户提供了科学的决策依据。

在线数据分析平台有很多,请尝试使用"BDP 个人版"在线数据分析平台进行数据的导入、分析和导出操作。

评价总结

自查学习成果,填写表 4.3.1,已达成的打"√",未达成的记录原因。

表 4.3.1　学习成果自查表

基本情况

课前准备：_____分钟　　课堂学习：_____分钟　　课后练习：_____分钟
学习合计：_____分钟

学习成果	已达成	未达成原因
我理解了排序、筛选、分类汇总及数据透视表等数据处理方法的作用	☐	
我掌握了排序、筛选、分类汇总及数据透视表等数据处理方法的操作步骤	☐	
我能根据实际情况应用排序、筛选等显示相关数据的功能	☐	
我能使用分类汇总和数据透视表生成统计数据	☐	
我具有利于数据分析问题的意识，能利用排序、筛选、分类汇总、数据透视表等数据处理方法分析数据	☐	

请结合你的专业与生活，将你在本任务中的收获、体会记录下来。

_____
_____
_____
_____
_____
_____

任务 4.4　数据可视化及报告撰写

学习目标

1. 了解常见的图表类型及其特点,能够创建可展示数据特征的图表。
2. 掌握组合图表的设置方法,熟练进行图表的编辑、修改和美化操作。
3. 了解数据分析报告的基本结构和框架。
4. 具备基于数据分析结果形成结论、撰写报告的能力。
5. 能够充分认识数据的价值,以及运用数字化资源和工具辅助决策。

情境任务

小李把我国改革开放以来的 GDP 相关数据都整理在电子表格里了,并进行了数据的分析和汇总。但是他发现,表格中的数据并不能直观地展现出 GDP 的增长情况。于是,他想要通过图表来展示 GDP 的增长趋势和增速,进而分析经济政策对 GDP 增长的作用。你能帮助小李用图表展示数据并撰写数据分析报告吗?

任务准备

1. 常见的图表类型及特点

资料 4.4.1　　　　　　　　　　　　　　　图表概述

图表是将工作表中的数据用图(二维图、三维图等)的形式表示出来,以更直观地揭示数据之间的关系,反映数据的变化规律和发展趋势的数据展现形式。用户通过图表能更直观、有效地从数据中发现有价值的信息。图表对数据的表现是动态的,一旦图表所依赖的数据发生了变化,图表也会随之自动更新。

1. 图表的构成

图表主要由绘图区、图表标题、坐标轴、图例、数据系列、数据标签、网格线等元素组成,如图 4.4.1 所示。

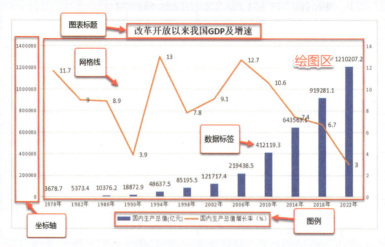

图 4.4.1 图表的构成

2. 图表的类型

图表有多种类型,如柱形图、折线图、饼图、条形图、面积图、散点图、股价图和雷达图等,其中的每一种图表又有多种不同的表现形式。下面以常用的几种图表为例进行介绍。

（1）柱形图。柱形图用于显示一段时间内数据的变化或显示项之间的比较情况。在工作表中以列或行的形式排列的数据可以被绘制为柱形图。柱形图通常沿水平轴显示类别,沿垂直轴显示值。

（2）折线图。折线图用于显示随时间而变化的连续数据。在折线图中,类别数据沿水平轴均匀分布,数值数据沿垂直轴均匀分布。折线图可在均匀的、按比例缩放的坐标轴上显示一段时间的连续数据,因此非常适合展现相等时间间隔下(如月度、季度或会计年度等)数据的变化趋势。

（3）饼图。饼图用于显示一个数据系列中各项的大小与各项总和的比例,适用于显示一个整体内各部分所占的比例。当只有一个数据系列,数据中的值没有负数和零值,数据类别适量且这些类别能够共同构成一个整体时,可考虑使用饼图。

 问题探究

学习资料 4.4.1 图表概述,了解图表的基本功能,记录常见的图表类型及其特点(对于学习资料未介绍的图表类型,可自行查询相关资料进行学习)。

表4.4.1　常见的图表类型及特点

常见图表类型	特点
柱形图	
折线图	
饼图	
散点图	
雷达图	
组合图	

2. 创建图表，编辑图表中的对象

资料4.4.2　　　　　　　　　　　图表的创建及编辑

1. 图表的创建

在创建图表时，可以先选择创建图表的数据源，再选择"插入"选项卡中的图表类型，即可在工作表中创建图表。

2. 图表的移动和大小的调整

图表的创建及编辑

若要移动图表，直接单击图表并按住鼠标左键拖曳即可；在移动图表时按住"Ctrl"键，可实现图表的复制。若要将图表移动到其他的工作表，则需要在选中图表后单击鼠标右键，在弹出的快捷菜单中选择"移动图表"命令完成。若要删除图表，可在选中图表后使用"Delete"键删除。若要缩放图表，可使用鼠标拖曳图表四周的控制点，也可以在"绘图工具"选项卡中精确设置图表的大小。

3. 图表的编辑

当选中图表时，功能区会出现"图表工具"选项卡，可以利用该选项卡对图表进行编辑和美化，如图4.4.2所示。

图4.4.2　图表工具选项卡

（1）更改图表类型。当已经创建好的图表不能很好地反映数据之间的关系时，可以重新选择适当的图表类型。具体方法有两种：

①选中要更改类型的图表,重新单击"插入"选项卡中的"图表类型"按钮,在弹出的下拉列表中选择合适的图表类型。

②选中要更改类型的图表,单击"图表工具"选项卡中的"更改类型"按钮,在弹出的对话框中重新设置所需的图表类型,如图4.4.3所示。

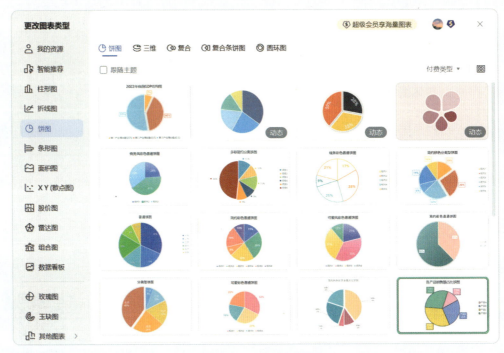

图 4.4.3　更改图表类型

图 4.4.4　更改数据源

(2)更改数据源。先选中图表,单击"图表工具"选项卡中的"选择数据"按钮,打开"编辑数据源"对话框进行设置;也可以在选中图表后单击鼠标右键,在弹出的快捷菜单中,执行"选择数据"命令进行设置,如图4.4.4所示。

(3)快速设置图表布局和样式。在选中图表的状态下,单击"图表工具"选项卡中的"添加元素"按钮,可以对图表的坐标轴、轴标题、图表标题、数据标签、网格线、图例等进行设置。单击"图表工具"选项卡中的"快速布局"按钮,选择其中的一种布局,即可快速设置图表布局。图表样式包括图表中的绘图区、背景、系列、标题等一系列元素的样式,单击"图表工具"选项卡中的"设置格式"按钮,可以快速完成图表样式的重新设置,如图4.4.5所示。

图 4.4.5　设置图表布局和样式

（4）自定义图表布局和样式。用户可以自定义图表对象的文本和形状样式。选中这些图表对象，通过"绘图工具"选项卡中的各按钮可以进行形状填充、形状轮廓、形状效果等设置，如图 4.4.6 所示。通过"文本工具"选项卡中的各按钮可以进行标题的文本填充、文本轮廓和文本效果等设置，如图 4.4.7 所示。

图 4.4.6　"绘图工具"选项卡

图 4.4.7　"文本工具"选项卡

学习资料 4.4.2 图表的创建及编辑，掌握数据源的选择方法，以及更改图表类型、图表布局和样式等操作。请尝试创建图表、编辑图表对象，记录操作要点和问题。

操作要点：

我的问题：

3. 了解数据分析报告的框架

资料 4.4.3　　　　　了解数据分析报告的基本结构和框架

（1）引言：这部分可简短地介绍报告的目的、背景和范围。
（2）问题陈述：明确地阐述你正在试图解答的问题或研究的目标。
（3）数据介绍：描述用于分析的数据来源、类型和结构。
（4）方法论：详细说明用来解答问题或实现研究目标的分析方法，包括数据清洗、数据处理、数据可视化、统计分析、机器学习等。
（5）结果分析：这是报告的核心部分，详细阐述和分析数据结果。这可能包括表格、图表和其他可视化工具，以及相关的解释和讨论。
（6）结论：总结发现，并强调主要观点。
（7）建议：如果有的话，可提供一些基于研究发现和结论的建议。
（8）附录：提供一些额外的信息或数据，以支持报告中的论点。

报告的结构和框架具有灵活性，可根据自身的需求和目标调整框架。需要注意的是，要确保报告的清晰、结构化，并能够有效地传达信息。

问题探究

学习资料 4.4.3 了解数据分析报告的基本结构和框架，明确报告各部分所要阐述的主要内容。

表 4.4.2　报告的基本框架及主要内容

框　架	主要内容
引言	
问题陈述	
数据介绍	
数据分析方法(方法论)	
结果分析	
结论	
建议	

任务实施[①]

用图表展示数据

第一步 创建名为"改革开放以来我国GDP数据及其增速"的组合图表。

(1) 打开"素材 4.4.1",选择合适的数据源,创建由柱形图、折线图构成的组合图表,如图 4.4.8 所示。

图 4.4.8 由柱状图、折线图构成的组合图表

(2) 保存操作结果,并记录你在操作中遇到的问题和解决方法。

 我的问题: 解决方法:

第二步 创建名为"2022 年我国 GDP 结构图"的饼图。

(1) 创建饼图,如图 4.4.9 所示。

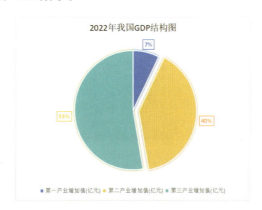

图 4.4.9 饼图

[①] 说明:建议先使用教材配套素材中的数据(截至 2022 年的我国 GDP 数据)进行操作练习,然后再运用自行采集的我国最新的 GDP 数据进行操作和分析。

（2）保存操作结果，并记录你在操作中遇到的问题和解决方法。

 我的问题： 解决方法：

第三步 撰写分析报告。

撰写分析报告主要是为了解读数据及图表中蕴含的信息，阐述数据分析结果以及根据数据得出结论。根据数据分析的需求和目标的不同，报告的框架和侧重点也不同。需要注意的是，报告要清晰、结构化，能够有效传达信息。请记录你在报告撰写中遇到的问题及解决方法。

 我的问题： 解决方法：

 拓展提高

迷你图

迷你图是可以存放在单元格中的小图表。通过在数据旁插入迷你图，可显示相邻数据的趋势，使用户能直观地了解数据之间的关系和变化。

创建迷你图的方法是：选择"插入"选项卡，单击"迷你图"按钮，在下拉列表中选择"折线""柱形"或"盈亏"三种类型中的一种，在弹出的"创建迷你图"对话框中可以设置迷你图的数据范围及目标位置，然后点击"确定"。迷你图和普通数据一样，可以通过拖动填充柄的方法来快速创建。

当选中迷你图所在的单元格时，会自动显示"迷你图工具"选项卡。用户可以修改迷你图的数据源和类型、套用的迷你图样式、迷你图的颜色及迷你图标记的颜色等。

 **笃行**

打开"素材 4.4.2"，根据三次产业增加值的数据创建迷你图，样例如图 4.4.10 所示。

指标（亿元）	2018年	2019年	2020年	2021年	2022年	迷你图
第一产业增加值	64745.2	70473.6	78030.9	83216.5	88345.1	
第二产业增加值	364835.2	380670.6	383562.4	451544.1	483164.5	
第三产业增加值	489700.8	535371	551973.7	614476.4	638697.6	

图 4.4.10 迷你图样例

练习思考

1. 单选题

(1) 在创建图表前,需要选取图表所需的数据源,按住(　　),可以选择不相邻的多个单元格区域。

　A. "Ctrl"键

　B. "Shift"键

　C. "Alt"键

　D. "Esc"键

(2) 在以下图表类型中,(　　)适用于显示随时间而变化的连续数据。

　A. 柱形图

　B. 折线图

　C. 雷达图

　D. 饼图

(3) 在以下图表类型中,(　　)适用于显示一段时间内数据的变化或显示项之间的比较情况。

　A. 柱形图

　B. 折线图

　C. 雷达图

　D. 饼图

2. 判断题

(　　)(1) 当工作表中的数据发生改变时,相关的图表也会自动更新。

(　　)(2) 图表可以直观形象地表示出数值的大小和变化趋势,在这点上,普通文字和表格数据也可以做到。

3. 实践题

选择合适的图表类型,将你的学习成绩数据进行可视化呈现,直观分析你的学习情况。

 评价总结

自查学习成果,填写表 4.4.3,已达成的打"√",未达成的记录原因。

表 4.4.3　学习成果自查表

基本情况

课前准备：_____分钟　　课堂学习：_____分钟　　课后练习：_____分钟
学习合计：_____分钟

学习成果	已达成	未达成原因
我知道常见的图表类型及其特点	☐	
我会进行组合图表的创建、编辑等操作	☐	
我能从易于阅读的角度，合理设置、修饰和美化图表	☐	
我知道数据分析报告的基本结构和框架	☐	
我认识到了数据的价值，能进行简单的数据挖掘	☐	
我具备了自主学习、合作探究的能力，体会到了沟通交流、共享成功的意义	☐	

请结合你的专业与生活，将你在本任务中的收获、体会记录下来。

_____

_____

_____

_____

_____

_____

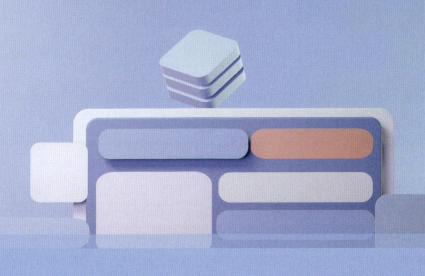

主题 5
演示文稿制作

  演示文稿是用于展示、解释或传达信息的一种文稿形式,通常用于演讲、培训、会议或教学等场合。演示文稿一般包括文字、图片、图表、音频和视频等多种形式的信息,并通过屏幕展示的方式呈现给观众,帮助观众更好地理解和接受信息。本主题包含演示文稿的基本操作、动画设计、放映和导出等内容。

建议学时
6学时

- 任务 5.1　讲述大国工匠的成才故事(3学时)
- 任务 5.2　汇报社会实践活动(3学时)

任务 5.1　讲述大国工匠的成才故事

学习目标

1. 了解演示文稿的应用场景,熟悉相关工具的功能、操作界面和制作流程。
2. 掌握演示文稿的基本操作方法。
3. 理解幻灯片的设计及布局原则。
4. 掌握在幻灯片中插入各类对象的方法。
5. 能根据演示文稿的主题收集素材并完成制作。

情境任务

2022 年,以"匠心逐梦、强国有我"为主题的首届大国工匠论坛顺利召开,来自全国各行各业的大国工匠代表齐聚一堂。这些大国工匠分别来自航空航天、制造业、能源资源勘探冶炼、交通和建设、电子科技和通信、非物质文化遗产保护等领域,他们立足岗位,默默坚守,孜孜以求,追求着职业技能的完美和极致。请你结合自己的专业选择一位大国工匠,制作一个主题鲜明、布局美观、图文并茂的演示文稿,以此讲述大国工匠的成才故事,理解"工匠精神"的深刻内涵,演示文稿效果可参照图 5.1.1。

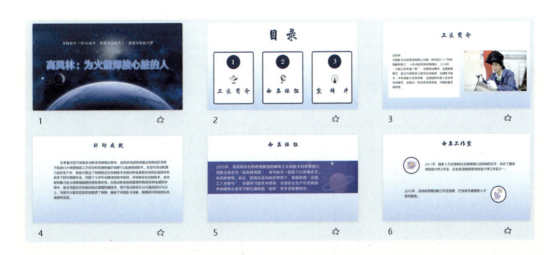

图 5.1.1　演示文稿效果图

任务准备

1. 确认演讲的基本信息

根据任务情境和实际情况,明确以下信息,并记录下来。

演讲主题:_____

演讲对象:_____

演讲目的:_____

演示设备(屏幕大小及比例):_____

2. 收集素材

为了丰富演示文稿的内容,需要收集大国工匠的相关素材。思考想要收集的资料类型及其展现形式,填写在表 5.1.1 中。然后上网搜集素材,并保存在文件夹中。

大国工匠姓名:_____

专业领域:_____

表 5.1.1　素材类型及展现形式

大国工匠素材	展现形式			
个人简介、经历	□文字	□图片	□动画	□音视频
获得成果、奖项	□文字	□图片	□动画	□音视频
工作、生活照片	□文字	□图片	□动画	□音视频
专业知识介绍	□文字	□图片	□动画	□音视频
相关新闻、访谈	□文字	□图片	□动画	□音视频

3. 熟悉演示文稿软件

资料 5.1.1   演示文稿软件介绍

1. Microsoft Office PowerPoint

Microsoft Office PowerPoint 是微软公司的演示文稿软件，它所支持的素材有文本、图像、声音、动画、视频等，且具有链接外部文件的功能，可形成具有使用价值的交互性演示文稿。此外，它支持在投影仪或者计算机上进行演示，也可以将演示文稿打印出来制作成胶片，以便应用到更广泛的领域中。

2. iWork Keynote

iWork Keynote 是苹果公司推出的一款幻灯片制作软件。它是 iWork 办公套件中的一部分，适用于 Mac 和 iOS 设备。Keynote 提供了强大而直观的工具，可帮助用户创建精美的演示文稿，包括幻灯片、图表、动画、转场效果和多媒体内容等。用户可以通过插入图片、音频和视频来丰富演示内容，并使用各种主题和模板来快速构建专业化的演示文稿。此外，Keynote 还支持实时协作，允许多个用户同时编辑和评论演示文稿。

3. WPS Office 演示文稿

WPS Office 演示文稿是一款由金山软件股份有限公司自主研发的办公软件，用于创建和编辑演示文稿。它是 WPS Office 套件的一部分，提供了丰富的功能和工具。

WPS Office 演示文稿具有直观的界面，能够让用户快速上手。它包含了各种预设模板和设计工具，可用于创建美观、有吸引力的幻灯片；可以选择不同的布局形式，添加文字，插入图片、图表，以及使用各种动画效果和过渡效果来提升演示文稿的交互性和视觉体验。

WPS Office 演示文稿还支持多媒体元素（如音频和视频文件）的添加和编辑，可以通过插入和调整这些元素来丰富演示文稿的内容和表现形式。此外，它还提供了一系列的演示文稿播放功能，帮助用户更加流畅地展示内容。

操作探究

学习资料 5.1.1 演示文稿软件介绍，了解目前常用的演示文稿制作软件，并通过自主学习，熟悉 WPS 演示文稿软件的窗口界面，将各部分名称填入图 5.1.2 中。

图 5.1.2　WPS 演示文稿的窗口界面

资料 5.1.2　　　　　演示文稿软件的基本操作方法

1. 新建演示文稿

（1）新建空白演示文稿。启动 WPS Office 软件，单击"首页"选项卡中的"新建"按钮，在左侧列表选择"新建演示"选项，然后在右侧列表中选择"新建空白演示"选项，即可新建一个名为"演示文稿 1"的空白演示文稿，如图 5.1.3 所示。

演示文稿软件的基本操作方法

图 5.1.3　新建空白演示文稿

如果单击幻灯片的背景色,即可创建以白色、灰色渐变和黑色为背景色的空白演示文稿。

(2)创建模板演示文稿。除了新建空白演示文稿外,还可以创建模板演示文稿。WPS Office 提供了多个主题模板,在"新建演示"界面中,可以创建带有格式的演示文稿。操作方法为:选择"文件"菜单中的"新建"命令,选择一个模板选项;或者在搜索框中输入关键字,再单击"搜索"按钮,然后选择适合的模板选项。

2. 保存演示文稿

当需要保存制作完成的演示文稿时,可以使用以下几种方法:

(1)直接保存演示文稿。单击快速访问工具栏中的"保存"按钮。

(2)按"Ctrl+S"组合键,弹出"另存文件"对话框,选择保存路径并输入文件名,再单击"保存"按钮,完成保存。

(3)单击"文件"菜单,在打开的下拉菜单中选择"保存"命令。

3. 打开演示文稿

单击"文件"菜单,在打开的下拉菜单中选择"打开"命令,在"打开文件"对话框中,选择需要打开的演示文稿,单击"打开"按钮。

4. 关闭演示文稿

当不再需要操作演示文稿时,可以将其关闭。在 WPS 演示文稿中,关闭演示文稿的方法主要有三种。

(1)通过单击按钮关闭:在需要关闭的演示文稿工作界面,单击右上角的"关闭"按钮,即可关闭演示文稿。

(2)通过菜单关闭:单击"文件"菜单,在打开的下拉菜单中选择"退出"命令,即可关闭演示文稿。

(3)通过快捷键关闭:按"Alt+F4"组合键,即可关闭演示文稿。

5. 切换演示文稿的视图模式

WPS 演示文稿提供了四种视图模式,分别为普通视图、幻灯片浏览视图、备注页视图和阅读视图,如图 5.1.4 所示。

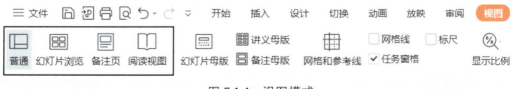

图 5.1.4 视图模式

(1)普通视图。演示文稿默认的视图模式为普通视图。在普通视图中,将光标移至编辑区上方,滑动鼠标滚轮即可对幻灯片的内容进行查看。

（2）幻灯片浏览视图。在幻灯片浏览视图中，可以对演示文稿中的所有幻灯片进行查看或重新排列，单击"视图"选项卡的"幻灯片浏览"按钮，即可进入幻灯片浏览视图模式。

（3）备注页视图。在备注页视图中，每一页包含一张幻灯片和演讲者备注。备注页视图的上方是幻灯片缩略图，下方是演讲者的备注，可以编辑备注内容。

（4）阅读视图。在阅读视图中，可以直接查看幻灯片中的动画和切换效果，而无须切换到全屏幻灯片放映模式。单击"视图"选项卡中的"阅读视图"按钮，即可进入阅读视图模式。

操作探究

学习资料5.1.2演示文稿软件的基本操作方法，掌握新建、保存、打开演示文稿，以及切换演示文稿视图模式的操作步骤，并通过自主学习，了解插入艺术字、文本框等元素的方法。

表5.1.2 演示文稿常用功能操作情况记录

名称	是否掌握(打"√")	操作问题及解决方法
新建演示文稿		
保存演示文稿		
打开演示文稿		
关闭演示文稿		
切换演示文稿的视图模式		
* 插入艺术字、文本框、形状、图片、音频、视频等元素		

说明：标注"*"的内容未提供相应的学习资料，请通过网络资源自主学习。

任务实施

第一步 根据主题和目标确定演示文档的结构，并记录下来。

文档标题：_____

一级标题及二级标题（绘制标题级结构）：

演示文档
结构

第二步 确定设计风格。

演示文稿设计风格的决定因素主要有配色和字体。

（1）配色。演示文稿的底色和主色需要有较高的对比度，比如浅底深字，或者深底浅字；也可以使用图片作为演示文稿的背景。每页幻灯片所使用的配色应该风格统一。

① 请思考：将图 5.1.5 中的两幅背景图作为演示文稿的背景是否合适？如果将这两幅图片用作背景，应该搭配什么颜色的文字，有什么需要注意的地方？谈谈你的想法。

是否合适：□是　□否

搭配的文字颜色：

注意事项：

(a) 背景(1)　　　　　　　　　　(b) 背景(2)

图 5.1.5　大国工匠演示文稿背景

② 如果让你选择其中一幅图片作为大国工匠演示文稿的背景，你会选择哪一幅？请说明理由。

我会选择：□背景(1)　□背景(2)

我的理由：

（2）字体。我们可以根据演示文稿的主题挑选不同的字体。对于"大国工匠"这一主题，建议选用简洁大气的字体。

① 请观察表 5.1.3 中的字体，谈谈你的想法。

表 5.1.3　字体示例

文字类型	字体示例
标题文字	大国工匠　　大国工匠　　大国工匠
正文文字	"工匠精神"是一种职业精神，它是职业道德、职业能力、职业品质的体现，是从业者的一种职业价值取向和行为表现。（三种字体示例）

我的想法：＿＿＿＿＿＿＿＿＿＿＿＿＿＿＿＿＿＿＿＿＿＿＿＿＿＿＿＿＿＿＿＿
② 请确定你需要使用的字体，并记录下来。
标题：＿＿＿＿＿＿＿＿＿＿　　正文：＿＿＿＿＿＿＿＿＿＿

第三步　制作演示文稿。

将你收集的素材添加到演示文稿中，让演示文稿丰富起来，效果可参照图 5.1.1。

"工匠精神"演示文稿实例

演示文稿的布局会影响观众对内容的理解和接受程度。一个合理的布局应该有清晰的结构和易于阅读的风格，不同的内容适用不同的版式布局。在以下两种布局中，你更欣赏哪种展现形式？为什么？

图 5.1.6　布局效果

我更欣赏：□左图　　□右图
我的理由：＿＿＿＿＿＿＿＿＿＿＿＿＿＿＿＿＿＿＿＿＿＿＿＿＿＿＿＿＿

第四步 整体检查和优化。

将演示文稿切换至"幻灯片浏览"视图,对演示文稿进行整体检查和优化,然后保存文档。

拓展提高

AI 辅助制作演示文稿

WPS 软件目前提供了三大块的 AI 辅助制作演示文稿的功能:
(1) 智能创作:一键生成演示文稿、单页,可进行文字的扩写、改写。
(2) 排版美化:快速更改文稿主题、配色、字体等。
(3) 快速生成演讲备注:可以帮助演讲者更为轻松地表达。

图 5.1.7 WPS AI 一键生成幻灯片功能界面

在输入区填写 PPT 的主题,WPS AI 就会自动生成主体框架内容,再点击"立即创建",就能生成一个完整的演示文稿。

图 5.1.8 WPS AI 一键生成幻灯片章节框架界面

练习思考

1. 单选题

(1) 在下列选项中,不适合使用演示文稿的场景是( )。
　　A. 总结汇报　　　　　　　　B. 数据分析
　　C. 宣传推广　　　　　　　　D. 教育培训

(2) ( )不是 WPS 演示文稿能保存的文件格式。
　　A. dps　　　　B. dpt　　　　C. pptx　　　　D. dbk

(3) 在 WPS 演示文稿中,下列关于表格的说法错误的是( )。
　　A. 单击"表格"下拉按钮,从列表中选择"插入表格"选项,在"行数"和"列数"数值框中输入需要的数值,即可插入表格
　　B. 单击"表格"下拉按钮,在打开的下拉列表框中,选取需要的行数和列数,即可插入相应的表格
　　C. 单击"表格"下拉按钮,从列表中选择"绘制表格"选项,光标变为铅笔形状,按住鼠标左键不放,拖动鼠标即可绘制表格
　　D. 在插入表格后,表格的行数和列数无法修改

(4) 从外部复制的文字,不可以用( )的方式粘贴。
　　A. 粘贴为图片　　B. 只粘贴文本　　C. 保留原格式　　D. 嵌入

(5) 在( )选项卡中,可以设置幻灯片的背景格式。
　　A. 开始　　　　B. 插入　　　　C. 设计　　　　D. 动画

2. 判断题

(　)(1) 在 WPS 演示文稿的幻灯片浏览视图中,可以实现所有的编辑功能。

(　)(2) 若要移动多张连续的幻灯片,可以先选中要移动的多张幻灯片中的第一张,再按住"Shift"键不放,然后选中最后一张幻灯片,最后拖曳多张连续的幻灯片到相应位置。

(　)(3) 在 WPS 演示文稿中,无法修改占位符中的文本格式。

(　)(4) 在 WPS 演示文稿的各类视图中,当需要查看所有幻灯片或重新调整幻灯片的次序时,可以使用幻灯片浏览视图。

(　)(5) 在 WPS 演示文稿中,幻灯片编辑区是用于显示和编辑幻灯片内容的重要部分,它是演示文稿的核心区域。在这个区域中,可以添加文本、图片、表格等元素。

3. 实践题

请使用 WPS AI 制作一个演示文稿,然后对比一下人工智能制作的演示文稿和自己制作的演示文稿有什么区别,谈一谈各自的优势和劣势。

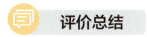

自查学习成果,填写表 5.1.4,已达成的打"√",未达成的记录原因。

表 5.1.4　学习成果自查表

基本情况

课前准备：_____分钟　　课堂学习：_____分钟　　课后练习：_____分钟
学习合计：_____分钟

学习成果	已达成	未达成原因
我掌握了演示文稿创建及保存的基本方法	☐	
我掌握了幻灯片的基本操作方法,包括插入、复制、移动、删除、隐藏和显示幻灯片等	☐	
我掌握了插入艺术字、文本框等元素的方法	☐	
我掌握了插入形状、图片等元素的方法	☐	
我掌握了插入音频、视频等元素的方法	☐	

请结合你的专业与生活,将你在本任务中的收获、体会记录下来。

任务 5.2 汇报社会实践活动

学习目标

1. 理解幻灯片母版的概念,掌握幻灯片母版、备注母版的编辑及应用方法。
2. 掌握幻灯片切换动画、对象动画的设置方法及超链接、动作按钮的应用方法。
3. 了解幻灯片的放映类型,会使用排练计时进行放映。
4. 掌握幻灯片不同格式的导出方法。

情境任务

小李在暑假参与了社区环保项目的社会实践活动,并撰写了一份总结报告文档(见"素材 5.2.1")。他需要将报告制作成演示文稿进行汇报。请你根据模板文档(见"素材 5.2.2"),帮助小李完成演示文稿的制作,效果可参照图 5.2.1。演示文稿中需设置合适的动画、超链接,以便让文稿更生动。此外,因为汇报时间需要限制在 10 分钟内,所以需要你协助小李进行计时排练。

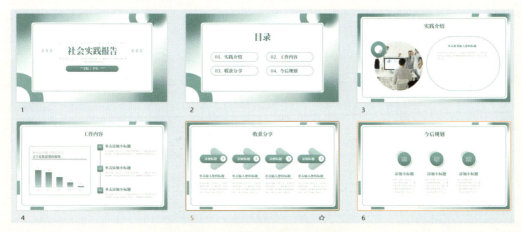

图 5.2.1　社会实践报告效果图

任务准备

1. 母版的编辑和应用

资料 5.2.1　　母版的编辑和应用

1. 幻灯片母版的编辑和应用

在幻灯片母版视图中,第一张幻灯片是主题母版,其他幻灯片是版式母版。版式母版对应 11 种不同的版式。

进入"幻灯片母版"的方法有两种:(1)单击"设计"选项卡中的"编辑母版"按钮,进入幻灯片母版视图。(2)单击"视图"选项卡中的"幻灯片母版"按钮,进入幻灯片母版视图,如图 5.2.2 所示。

母版的编辑和应用

图 5.2.2　幻灯片母版视图

在幻灯片母版视图中,可以设置标题占位符、正文占位符、页眉页脚的格式,也可以插入图像、形状等对象,如插入公司的商标。当切换到普通视图时,这些对象是无法选中和修改的。在完成幻灯片母版的设置后,可切换到普通视图,然后在"开始"选项卡中的"版式"下拉列表中使用母版版式。

需要注意的是,在主题母版中进行的所有编辑都会应用到版式母版中,而在版式母版中的编辑则只应用于当前版式,不会改变主题母版或其他版式母版。因此,利用主题母版可以快速统一幻灯片的样式和风格,而利用版式母版则可对某个版式进行单独修改,使幻灯片的风格既统一,又富有变化。

2. 备注母版的编辑和应用

单击"视图"选项卡中的"备注母版"按钮进入备注母版视图,可设置和调整备注的格式、字体、样式等。备注母版中的设置会自动应用到每一页的备注中。

在幻灯片编辑模式下,可以点击"视图"选项卡中的"备注页",然后在备注页中输入需要记录的内容。

 问题探究

学习资料 5.2.1 母版的编辑和应用,将幻灯片母版的类型及其应用场景记录在表 5.2.1 中。

表 5.2.1　幻灯片母版的类型和应用

序号	幻灯片母版的类型	具体应用
1		
2		
3		

2. 了解动画类型

资料 5.2.2 　　　　　　　　　　演示文稿的动画设计

演示文稿的动画设计

WPS 演示文稿中的动画是一种用于增强演示效果的特殊功能,可以为幻灯片上的文字、图片、形状等元素添加动态效果(如飞入、缩放、旋转等),从而提升演示的可视化效果,引起观众的注意。通过增加动画,可以让幻灯片更加生动、有趣,增强信息传达的效果。

1. 动画的类型

在 WPS 演示文稿中,提供了多种动画效果,包括进入动画、强调动画、退出动画和动作路径动画,如图 5.2.3 所示。

图 5.2.3 动画类型

(1) 进入动画:可以让对象从幻灯片页面外以特有的方式进入幻灯片。操作方法为:选择对象,单击"动画"选项卡中的"其他"下拉按钮,在下拉列表中单击"进入"栏右侧的"更多选项"按钮,选择合适的动画效果。

进入动画是从无到有的过程。在放映幻灯片时,对象一开始并不出现,而是在特定时间或被单击后,以动画的方式显示。

(2) 强调动画:为幻灯片中的对象添加强调动画,可以突出显示重点对象。操作方法为:选择对象,单击"动画"选项卡中的"其他"下拉按钮,在下拉列表中单击"强调"栏右侧的"更多选项"按钮,选择一种动画效果。

强调动画强调对象的从"有"到"有":前面的"有"是对象的初始状态,后面的"有"是对象的变化状态。前后两个状态上的变化,可以突出显示某个元素,以便引起观众的注意。常见的强调动画包括放大、缩小、闪烁等效果。

(3) 退出动画:指对象从有到无、逐渐消失的过程。退出动画与进入动画正好相反,它可以使对象从"有"到"无"。触发后的动画效果与进入动画的效果正好相反,对象在没有触发动画之前,显示在屏幕上,而当动画被触发后,则让对象以不同的方式退出幻灯片,如淡出、滑动、破碎等。

(4) 动作路径动画:指对象在幻灯片上按照预设的路径进行移动的动画效果。为对象设置动作路径,可以使对象沿着路径移动,包括直线、曲线或其他形状的路径。

2. 切换动画

切换动画是在放映演示文稿时,幻灯片之间的过渡效果。在切换幻灯片时,切换动画提供了一种平滑的过渡效果，使幻灯片之间的变化更加流畅。切换动画包括淡出、溶解、棋盘等效果，如图 5.2.4 所示。

图 5.2.4　切换动画

用户可以根据需要，选择适合的切换动画来增强幻灯片的过渡效果，从而吸引观众的注意力，使内容更加易于观众理解和记忆。

具体操作方法为：选中幻灯片，单击"切换"选项卡中的"其他"下拉按钮，从列表中选择合适的选项，如"淡出"选项。在为幻灯片设置切换动画后，可以根据需要设置具体的动画参数，如设置效果选项、切换速度和声音、切换方式等，如图 5.2.5 所示。

图 5.2.5　设置切换动画的参数

（1）在"效果选项"下拉列表中，可以设置切换的效果。

（2）"速度"微调框可用于设置幻灯片的切换速度。

（3）在"声音"下拉列表中选择某一种声音，在切换幻灯片时就会发出相应的声音。

（4）如果勾选"单击鼠标时换片"复选框，在放映演示文稿时，每单击一次鼠标就会切换到下一张幻灯片。如果勾选"自动换片"复选框，在放映演示文稿时，就会根据用户自行设置的换片时间，每隔相应时间便自动切换幻灯片。

（5）"应用到全部"是指将切换效果应用于所有幻灯片。

问题探究

学习资料 5.2.2 演示文稿的动画设计，记录动画的四种类型。

类型 1：_____　　类型 2：_____

类型 3：_____　　类型 4：_____

3. 了解超链接和动作的制作方法

资料 5.2.3   演示文稿的超链接和动作制作

WPS 演示文稿提供了超链接和动作设置功能，从而使演示文稿更具交互性和专业性。

演示文稿的超链接和动作制作

1. 超链接

超链接在演示文稿中可用于实现页面之间的跳转，以及链接到其他文件、网页、电子邮件、附件等资源的功能。

（1）链接到指定幻灯片页面。选中对象，单击"插入"选项卡中的"超链接"按钮，弹出"插入超链接"对话框，在左侧"链接到"列表框中，单击"本文档中的位置"选项，然后在中间的"请选择文档中的位置"列表框中选择指定幻灯片（如图 5.2.6 所示），单击"确定"按钮，即可将所选对象链接到指定幻灯片。

图 5.2.6   插入超链接

（2）链接到其他文件或网页。选择对象，单击鼠标右键，在快捷菜单中选择"超链接"选项，打开"插入超链接"对话框，在左侧"链接到"列表框中，选择"原有文件或网页"选项，然后单击右侧的"浏览文件"按钮，打开"打开文件"对话框，从中选择需要链接的文件。

若要链接到网页，可在"插入超链接"对话框左侧的"链接到"列表框中，选择"原有文件或网页"选项，然后在"地址"文本框中直接输入网址，单击"确定"按钮即可。

(3) 链接到电子邮件。打开"插入超链接"对话框,在左侧的"链接到"列表框中,选择"电子邮件地址"选项,在"电子邮件地址"文本框中输入所需链接的电子邮件地址,单击"确定"按钮即可。

(4) 链接到附件。打开"插入超链接"对话框,在左侧的"链接到"列表框中,选择"链接附件"选项,在打开的"插入附件"对话框中选择需要链接的文件。

2. 动作设置

(1) 选中幻灯片,单击"插入"选项卡中的"形状"下拉按钮,在下拉列表中选择需要的动作按钮,如图 5.2.7 所示。

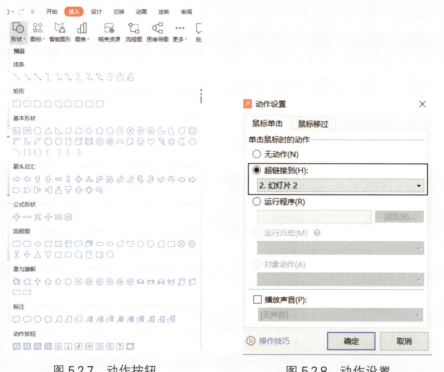

图 5.2.7　动作按钮　　　　　　图 5.2.8　动作设置

(2) 当光标变为十字形时,按住鼠标左键不放,拖动鼠标,绘制一个动作按钮;绘制好后,弹出"动作设置"对话框,默认为"鼠标单击"选项卡,单击"超链接到"下拉按钮,选择"幻灯片…",在打开的"超链接到幻灯片"对话框中选择相应幻灯片(如图 5.2.8 所示),然后单击"确定"按钮。

 问题探究

学习资料 5.2.3 演示文稿的超链接和动作制作,了解超链接可以链接到哪些资源,并将这

些资源类型记录下来。

链接到：_____　　　链接到：_____

链接到：_____　　　链接到：_____

4. 知道放映方式

资料 5.2.4　　　　　　　　　演示文稿的放映方式

1. 放映幻灯片

单击"放映"选项卡中的"从头开始"按钮或按"F5"键，进入幻灯片放映视图，演示文稿的第一张幻灯片会以全屏的方式放映。单击鼠标或按"回车"键可以切换到下一张幻灯片，按"Esc"键可以中断放映并返回 WPS 演示文稿界面。

单击"放映"选项卡中的"当页开始"按钮或按"Shift+F5"键，可从所选幻灯片开始放映幻灯片。

2. 设置自动放映方式

在放映演示文稿时，可以根据需要设置放映方式。WPS 演示文稿提供了两种放映方式，分别是"演讲者放映（全屏幕）"和"展台自动循环放映（全屏幕）"，如图 5.2.9 所示。单击"放映"选项卡中的"放映设置"按钮，打开"设置放映方式"对话框，在"放映类型"选项中可选择合适的放映类型。

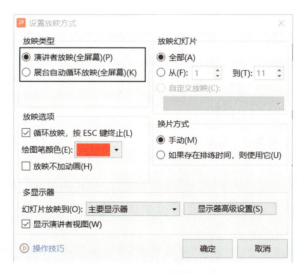

图 5.2.9　设置放映方式

（1）演讲者放映（全屏幕）：以全屏幕方式放映演示文稿，演讲者可以完全控制演示文稿的放映，如可以手动切换幻灯片和动画效果、暂停演示文稿放映等。

（2）展台自动循环放映（全屏幕）：在该模式下，不需要人为控制即可放映演示文稿

（系统会自动全屏幕循环放映）。在采用该放映类型时，虽然不能单击鼠标切换幻灯片，但可以通过幻灯片中的超链接和动作按钮进行切换；按"Esc"键可退出放映。

3. 设置自定义放映

（1）设置自定义放映。单击"放映"选项卡中的"自定义放映"按钮，打开"自定义放映"对话框，单击"新建"按钮，打开"定义自定义放映"对话框，在"幻灯片放映名称"文本框中输入放映名称，如"精选"。在左侧的"在演示文稿中的幻灯片"列表框中按住"Ctrl"键，选择幻灯片1、幻灯片4、幻灯片5、幻灯片8，然后单击中间的"添加"按钮，将其添加到右侧的"在自定义放映中的幻灯片"列表框中（如图5.2.10所示），单击"确定"按钮。

若需要删除添加的幻灯片，则可选中需要删除的幻灯片，单击中间的"删除"按钮。若需要调整幻灯片的放映顺序，可以在选中要调整的幻灯片后，再单击对话框右侧的"向上"箭头按钮或"向下"箭头按钮。设置完成后，如果单击"确定"按钮，则返回到"自定义放映"对话框中。

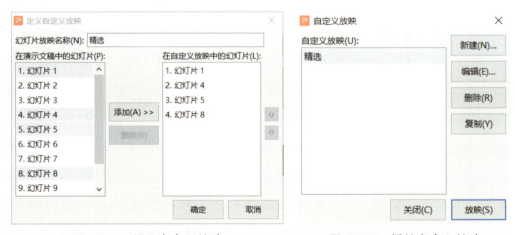

图5.2.10　设置自定义放映　　　　图5.2.11　播放自定义放映

（2）播放自定义放映。单击"放映"选项卡中的"自定义放映"按钮，打开"自定义放映"对话框，单击右下角的"放映"按钮，即可播放幻灯片，如图5.2.11所示。

4. 排练计时

（1）设置排练计时。单击"放映"选项卡中的"排练计时"下拉按钮，在打开的下拉列表中选择"排练全部"选项，幻灯片进入放映状态；在左上角的"预演"工具栏中，单击"下一项"按钮，设置每张幻灯片的放映时间；待放映结束后，弹出"WPS演示"对话框，询问是否保留新的幻灯片排练计时，单击"是"按钮，保留幻灯片排练时间；自动进入"幻灯片浏览"视图，每张幻灯片的右下角将显示放映所需的时间。

单击"放映"选项卡中的"放映设置"按钮,在打开的"设置放映方式"对话框中,选中"换片方式"中的"如果存在排练时间,则使用它"选项。如果幻灯片中存在排练计时的信息,那么在放映的过程中就可以根据排练计时的信息自动放映。

(2)删除排练计时。如果想要删除排练计时,单击"切换"选项卡,取消勾选"自动换片"复选框,再单击"应用到全部"按钮即可。

问题探究

学习资料 5.2.4 演示文稿的放映方式,将演示文稿的放映类型记录下来,并思考该类型所适用的场景。

表 5.2.2　放映类型及适用场景

放映类型	适用场景

5. 知道演示文稿打包的方法

资料 5.2.5　　演示文稿的打包

若需要将创建的演示文稿在其他计算机上放映,可以利用 WPS 演示文稿所提供的"打包"功能。

1. 将演示文稿打包成文件夹

单击"文件"菜单中的"文件打包"命令,选择"将演示文档打包成文件夹"选项,弹出"演示文件打包"对话框,在"文件夹名称"文本框中输入文件名。单击"浏览"按钮,选择打包后文件的保存位置,可以勾选"同时打包成一个压缩文件"复选框,将其打包成一个压缩文件,单击"确定"按钮。完成演示文稿打包操作后,弹出"已完成打包"对话框,单击"打开文件夹"按钮,则打开演示文稿打包文件所在的文件夹。

2. 将演示文稿打包成压缩文件

将演示文稿打包成压缩文件的操作方法与打包成文件夹基本相同,只是要在"文件打包"命令中选择"将演示文档打包成压缩文件"选项。

操作探究

学习资料 5.2.5 演示文稿的打包,尝试操作并将关键步骤记录下来。

关键步骤:

 **任务实施**

第一步 完成内容初稿。

根据已有的总结文档完成内容初稿。

社会实践报告实例

笃行

请尝试以下两种建立演示文稿的方式:(1)使用 WPS 文档处理软件,将总结报告直接输出为 PPT 格式。(2)使用 WPS AI 一键生成幻灯片。对比一下两种方法的效果。

第二步 添加动画效果。

对每一页幻灯片的对象进行分析,完成标题、文本等各类对象的进入、强调、退出、动作路径等动画效果的设计,设定动画的开始条件、延迟时间、运行速度、重复条件等选项。

提示:(1)可为第 3—6 页幻灯片的大标题添加"强调"的动画。

(2)可为"收获分享"幻灯片中的箭头添加"进入"的动画。

 **善思**

如果要将四张"内容页"的标题动画设置成相同的效果,那么可以使用哪个功能?

使用的功能:

第三步 创建超链接,编辑动作按钮。

根据播放需要为幻灯片对象添加超链接,插入动作按钮并进行编辑,记录你的操作步骤。

提示:①可为"目录页"的四条目录设置超链接,点击后分别链接到相应的内容页。②可为四张"内容页"添加"返回第二页"的动作按钮。

在为"目录页"的文本设置超链接后,文本颜色会发生变化,并会对文本添加下划线。若想修改超链接颜色或者不想显示下划线,可以使用什么功能?请尝试操作,并记录实现上述效果的主要功能命令。

主要功能命令:

第四步 设置放映方式。

选择幻灯片的切换方式,并设置放映方式。

小李在每一页的幻灯片下方都写了备注文字,可是在放映演示文稿时,他看不到备注的内容,你有办法帮助他吗?请记录操作过程中的关键步骤。

关键步骤:

第五步 设置排练计时。

使用排练计时功能,把握汇报节奏。

在使用排练计时功能后,若切换到幻灯片浏览视图,每张幻灯片的右下角会显示幻灯片的放映时间。请尝试清除排练计时的放映时间。

第六步 打包演示文稿。

如果需要将创建的演示文稿在其他计算机上放映,可以将制作好的演示文稿进行打包操作。

 拓展提高

无线投屏

无线投屏技术是指通过无线网络连接,将移动设备(如手机、平板电脑)上的内容投射到大屏幕上,以实现实时投屏显示的技术。无线投屏技术的出现,极大地方便了演示文稿的播放和分享,让用户不再受限于有线连接,可以更加自由地展示自己的内容。

无线投屏主要有两种方式:一种是通过 Wi-Fi 连接,即将移动设备与大屏幕连接在同一个局域网内,通过特定的投屏软件或功能,实现内容的投射;另一种是通过无线投屏设备,如无线投屏接收器或投屏盒子,将移动设备与大屏幕直接连接,以实现内容的投射。

无线投屏技术的优势在于便捷性和灵活性。用户可以随时随地进行投屏,不再受限于有线连接的距离和位置,大大提高了演示文稿的播放效率和舒适度。同时,无线投屏技术也支持多屏互动和多人投屏,可以实现多人共同分享内容,增强了演示的互动性和参与度。

总的来说,无线投屏技术的出现为演示文稿的播放和分享带来了全新的体验,让用户能够更加便捷地展示自己的内容,提升了演示效果和用户体验。

 练习思考

1. 单选题

(1) 在 WPS 演示文稿中,动作路径动画分为三类,其中不包含(　　)。
　　A. 基本　　　　　　　　　　B. 直线和曲线
　　C. 特殊　　　　　　　　　　D. 华丽型

(2) 在插入超链接时,所链接的目标不可以是(　　)。
　　A. 电子邮件地址　　　　　　B. 演示文稿中的某一张幻灯片
　　C. 无效的网址　　　　　　　D. 原有文件或网页

(3) 若将幻灯片放映时的切换效果设置为"棋盘",应使用(　　)选项卡中的选项。
　　A. 设计　　　B. 切换　　　C. 动画　　　D. 放映

(4) 在 WPS 演示文稿中,关于对幻灯片切换的表述,以下选项错误的是(　　)。
　　A. 在"切换"选项卡中,可选择幻灯片的切换效果
　　B. 可以设置幻灯片切换的速度
　　C. 可以设置单击鼠标时换片,但不能设置自动换片
　　D. 可以在幻灯片切换时添加音效

(5) 若要在每张幻灯片的相同位置显示某公司的商标图片,应在(　　)中进行图片插入操作。
　　A. 普通视图　　　　　　　　B. 幻灯片母版
　　C. 幻灯片浏览　　　　　　　D. 阅读视图

2. 判断题

（　　）(1) 当演示文稿处于幻灯片浏览视图或阅读视图时，如果想要将它恢复到默认的普通视图，则在状态栏中单击"普通视图"按钮即可。

（　　）(2) 在放映幻灯片的过程中，若要中途退出播放状态，可以按键盘上的"Esc"键。

（　　）(3) 在 WPS 演示文稿中，若要为所有幻灯片中的对象设置统一样式，可以应用母版功能。

（　　）(4) 动画效果只能通过幻灯片播放功能来预览，不能在动画窗格中自动预览。

（　　）(5) 当需要将一个对象的全部动画效果复制到另外一个对象时，可以使用动画刷功能。

3. 实践题

为方便交流，请使用演示文稿软件自带的"屏幕录制"功能将演示文稿录制下来，时间控制在 10 分钟以内。

评价总结

自查学习成果，填写表 5.2.3，已达成的打"√"，未达成的记录原因。

表 5.2.3　学习成果自查表

基本情况		
课前准备：　　　分钟	课堂学习：　　　分钟	课后练习：　　　分钟
学习合计：　　　分钟		

学习成果	已达成	未达成原因
我掌握了幻灯片母版、备注母版的编辑和使用方法	☐	
我掌握了设置演示文稿动画效果的方法	☐	
我能合理设置幻灯片的超链接	☐	
我能合理设置幻灯片的切换方式和放映方式	☐	
我能使用排练计时功能设置幻灯片的播放时长	☐	
我了解了社会实践报告的结构和汇报重点	☐	

（续表）

请结合你的专业与生活，将你在本任务中的收获、体会记录下来。

主题 6
信息安全

信息安全是指在信息的产生、制作、传播、收集、处理、选取等信息使用过程中的信息资源安全。建立信息安全意识,了解信息安全相关技术,以及能够运用常用的信息安全应用,是现代信息社会对高素质技术技能人才的基本要求。本主题包含信息安全意识、信息安全技术、信息安全应用等内容。

建议学时
6 学时

- 任务 6.1　制定个人信息保护计划(2 学时)
- 任务 6.2　远离信息安全威胁(2 学时)
- 任务 6.3　保护公司网络安全(2 学时)

任务 6.1　制定个人信息保护计划

学习目标

1. 了解信息安全的基本概念。
2. 了解个人信息安全的重要性。
3. 了解网络欺诈的常见手段。
4. 建立信息安全意识。
5. 能够识别常见的网络欺诈行为。

情境任务

为加强学校师生防范网络欺诈的意识和能力,有效保护师生的财产安全,学校计划开展网络安全宣传周活动,以提高师生的网络安全意识,减少网络安全风险。为响应活动号召,请你与同学们进行讨论,然后制定一个个人信息保护计划。

任务准备

1. 了解信息安全

资料 6.1.1　　　　　　　　　信息安全

信息安全

信息安全是指对信息系统中的信息和数据进行保护和安全管理的一系列措施和技术,旨在确保信息的机密性、完整性和可用性,防止未经授权地访问、使用、修改信息,以及破坏或泄露信息。信息安全的概念涵盖了网络安全、数据安全、系统安全、应用安全等多个方面,包括技术、政策、流程和人员培训等多个层面。信息安全的目标是保护信息资产,防止信息泄露和损坏,确保信息系统的正常运行和业务的持续性。通过采用加密、访问控制、安全策略等安全技术和各种组织管理措施,可保护信息在其生命周期内的产生、传输、交换、处理和存储等各个环节的安全,使信息的机密性、完整性和可用性不被破坏。

问题探究

学习资料 6.1.1 信息安全,将下列表述补充完整。
通过采用＿＿＿＿＿、＿＿＿＿＿、＿＿＿＿＿等安全技术和各种组织管理措施,可保护信息在其生命周期内的产生、传输、交换、处理和存储等各个环节的安全,使信息的机密性、完整性和可用性不被破坏。

2. 了解网络欺诈的常见手段

资料 6.1.2　　　　　　　　　网络欺诈

现今,随着互联网的普及和网络交易的增加,网络欺诈案件也日益增多,成为了一种全球性的犯罪现象。网络欺诈手段层出不穷,涉及范围广泛,给个人和组织的财产安全和信息安全带来了严重威胁。虚假信息、虚假链接、虚假承诺等手段不断演变和升级,使得诈骗案件愈发隐蔽和难以防范。同时,网络欺诈者往往跨国作案,加大了打击和追究的难度。在这样的背景下,个人和组织需要提高警惕,加强信息安全意识,学会识别和防范各种网络诈骗手段。同时,政府和执法部门也需要加强对网络犯罪的打击和监管,建立更加完善的网络安全体系,保护公民和企业的合法权益。只有全社会共同努力,才能有效应对网络诈骗的挑战,确保网络空间的安全性和可信赖性。

1. 网络欺诈的类型

(1) 金融欺诈:包括信用卡诈骗、银行卡盗刷、虚假投资、股票欺诈等。

(2) 销售欺诈:包括网络购物诈骗、假冒品牌销售、虚假广告欺诈等。

(3) 信息欺诈:包括网络诈骗、网络钓鱼、假冒网站等。

(4) 兼职欺诈:包括虚假招聘、网络兼职诈骗、虚假教育培训等。

(5) 链接欺诈:包括钓鱼链接、恶意软件链接、虚假广告链接等。

(6) 假冒身份:包括冒充银行客服、冒充学校收费等。

2. 网络欺诈的要素

(1) 虚假信息:通过虚假的招聘、销售、推广等信息,诱使受害者相信并进行交易或提供个人信息。

(2) 虚假链接:通过虚假的网站链接、广告链接、奖励链接等方式,诱使受害者点击并访问欺诈网站,最终造成经济损失或个人信息泄露。

(3) 虚假承诺:通过虚假的承诺或奖励,诱使受害者支付费用或提供个人信息,最终造成经济损失或个人信息泄露。

3. 常见的网络欺诈手段

(1) 虚假招聘:发布虚假的招聘信息,诱使求职者支付报名费或培训费,最终骗取求职者的钱财。

(2) 网络钓鱼:发送虚假的电子邮件或信息,诱使受害者点击并输入个人信息或敏感信息,用于非法目的。

(3) 虚假销售:发布虚假的产品或服务信息,诱使买家支付费用或提供个人信息,而实际上并无真实的商品或服务。

(4) 虚假推广:以虚假的推广任务或广告合作为名,诱使推广者支付费用或提供个人信息,而实际上并无真实的推广任务或合作。

(5) 虚假奖励:通过虚假的奖励链接或活动,诱使受害者支付费用或提供个人信息,最终造成经济损失或个人信息泄露。

这些欺诈手段的共同点为:利用虚假信息和承诺,诱使受害者轻信并进行交易或提供个人信息,最终造成经济损失或个人信息泄露。因此,我们在面对网络诈骗时,需要提高警惕,加强信息安全意识,谨慎对待未经证实的信息和链接,以免成为网络诈骗的受害者。

问题探究

学习资料 6.1.2 网络欺诈,在表 6.1.1 中归纳网络欺诈案例中的常见欺诈手段及要素。

表 6.1.1 网络欺诈案例中的欺诈手段及要素

类型	欺诈手段、案例	要素
网络兼职	入职培训、刷单返利	
虚假链接	成绩发布、购物中奖	
假冒身份	冒充银行客服、冒充学校收费	

和同学讨论一下:网络欺诈利用了人们的哪些心理弱点?

我们的结论:

  任务实施

第一步 信息收集与分析。

通过网络检索自己的名字,在10分钟内收集尽可能多的个人信息。将收集到的结果整理成表格,并分析这些信息可能带来的安全风险。

表 6.1.2 信息来源及安全风险

收集到的信息	信息来源	可能存在的安全风险

第二步 信息安全策略讨论。

和同学讨论"如何保护自己的个人信息免受安全威胁",并将结论记录下来。

(1) 你会选择哪些方法来保护个人信息?

我的方法:

(2) 如何在日常生活中注意个人信息安全?

我的方法:

(3) 你遇到过哪些个人信息安全威胁? 你是如何应对的?

遇到过的安全威胁:

应对方法:

第三步 制定个人信息保护计划。

以小组为单位,制定"个人信息保护计划"。

内容可以包括:列出个人信息安全的基本原则和策略;提出具体的行动步骤,如设置强密码、定期更新密码、不随意透露个人信息等;确定应对个人信息泄露或安全漏洞的方法。

第四步 分享与总结。

每个小组分享自己制定的"个人信息保护计划",讨论和总结各小组提出的策略与方法。

我们的总结

拓展提高

仿冒学术期刊的诈骗网站

2023年12月,中央网信办举报中心根据网民的举报线索,会同相关部门依法受理处置了一批仿冒学术期刊的诈骗网站。这些仿冒网站的页面与国内一些由高等院校、科研院所等主管主办的学术期刊网站页面内容的相似性很高,且冒用其名义对外发布约稿通知,诱骗作者投稿,借机收取所谓的"审稿费""版面费"来敛财牟利,严重侵害网民的合法权益,扰乱了正常的学术论文出版秩序。

经梳理发现,这些仿冒网站有以下特点:

(1)仿冒域名地址。利用与官方网站高度相似的域名地址,混淆视听。

(2)"克隆"页面内容。一些仿冒网站基本照搬官方网站的页面内容,从期刊导读、投稿指南到在线投稿,各栏目一应俱全。但通过细究可发现,有的仿冒网站内容老旧,更新不及时。

(3)缴费方式不正规。正规期刊的收款信息多为对公账户,仿冒网站却使用个人银行账户收款。

中央网信办举报中心提醒广大网民提高警惕,注意防范。遇到难以分辨真伪或存疑的期刊网站，可以通过刊物纸质版确认官方网址、投稿方式，或拨打该刊物联系电话进行核实。当涉及汇钱、缴费等行为时，更要小心谨慎。如确定该网站为仿冒网站，可通过中央网信办举报中心官网（www.12377.cn）或相关属地网信办举报。

练习思考

1. 单选题

（1）在接收到来自银行或其他金融机构的电话时，正确的行为是（　　）。

A. 立即提供个人信息以确认身份　　B. 拒绝提供个人信息并挂断电话

C. 听从对方的指示并提供所需信息　　D. 向对方提出要求并核实其身份

（2）在以下行为中，可能会导致个人信息被盗用的是（　　）。

A. 将个人信息存储在受密码保护的文件夹中

B. 将个人信息公开在社交媒体上

C. 定期更改所有在线账号的密码

D. 使用安全的支付方式进行网上交易

（3）在以下行为中，可能导致个人信息泄露的是（　　）。

A. 在社交媒体上分享家庭成员的生日

B. 定期更改社交媒体账号的密码

C. 不定期清理浏览器的缓存和历史记录

D. 定期审核个人隐私设置

（4）如果接到一封来自陌生人的电子邮件，要求你提供个人信息，正确的行为是（　　）。

A. 立即回复并提供所需信息

B. 忽略该电子邮件

C. 将该邮件标记为垃圾邮件

D. 询问发件人的身份并核实其真实性

（5）在以下措施中，不属于保护个人信息安全的有效措施的是（　　）。

A. 使用强密码　　B. 定期公开个人隐私信息

C. 定期更新防病毒软件　　D. 谨慎分享个人信息

2. 判断题

（　　）（1）在网上注册账号时，可以使用相同的密码，这样方便记忆。

（　　）（2）将个人信息妥善保存在云端是安全的。

（　　）（3）在公共场合使用无线网络时，不需要担心个人信息被窃取。

(　　)(4) 在收到陌生人发来的链接或附件时,可以随意点击或打开,这样不会对个人信息造成威胁。

3. 实践题

利用 AI 制作一个有关信息安全教育的演示文稿,为家长或同学做一次信息安全教育演讲。

评价总结

自查学习成果,填写表 6.1.3,已达成的打"√",未达成的记录原因。

表 6.1.3　学习成果自查表

基本情况		
课前准备:_____分钟	课堂学习:_____分钟	课后练习:_____分钟
学习合计:_____分钟		

学习成果	已达成	未达成原因
我了解了信息安全的基本概念	☐	
我了解了网络欺诈的常见手段	☐	
我建立了信息安全意识	☐	
我能识别常见的网络欺诈行为	☐	

请结合你的专业与生活,将你在本任务中的收获、体会记录下来。

任务 6.2　远离信息安全威胁

学习目标

1. 理解信息安全技术的概念、原理和重要性。
2. 掌握信息安全技术的基本知识和技能。
3. 熟悉信息安全领域的常见攻击手段和防御策略。
4. 了解信息安全及自主可控的要求。
5. 掌握安全防护技术及工具的使用方法。

情境任务

据报道,一家知名的电子商务平台遭遇了严重的数据泄露事件。数百万用户的个人信息和交易记录被黑客窃取,造成了严重的财产损失和信任危机。这一事件不仅对用户造成了巨大的影响,也给企业自身带来了严重的经济损失和声誉风险。这个案例让我们进一步意识到了信息安全技术的重要性。那么,我们能帮助这家公司梳理一下信息安全威胁的类别有哪些吗?哪些技术可以用来防范这些威胁?

任务准备

1. 了解信息安全面临的常见威胁

资料 6.2.1　　　　　　　　　　信息安全威胁的类别

信息安全威胁日益严峻,网络诈骗手段不断翻新,这给个人和组织带来了巨大的风险。从个人隐私数据泄露到金融诈骗,从网络钓鱼到恶意软件攻击,各种网络安全威胁层出不穷,严重影响了人们的生活和工作。因此,我们必须认识到信息安全的重要性,加强防范意识,采取有效措施,共同应对信息安全威胁。常见的信息安全威胁包括九个方面。

(1) 网络攻击:包括计算机病毒、蠕虫、木马和僵尸网络等恶意软件的攻击,以及 DDoS(分布式拒绝服务)等网络攻击手段。

(2) 数据泄露:包括数据被盗取、泄露或意外丢失,导致敏感信息暴露给未经授权的人员,造成数据安全风险。

(3) 身份盗窃:包括利用假冒身份获取敏感信息或权限,而后进行欺诈和非法操作,给个人和组织带来经济和声誉损失。

(4) 社会工程攻击:利用社会工程手段获取信息,如钓鱼邮件、钓鱼网站等,诱导用户泄露账号密码和其他敏感信息。

(5) 零日漏洞:即尚未被厂商发现或修复的安全漏洞,黑客可以利用这些漏洞进行攻击,造成系统和数据的安全风险。

(6) 恶意内部人员:包括员工、合作伙伴或供应商等内部人员,利用权限和机会进行数据窃取、破坏或篡改等行为。

(7) 物联网安全:随着物联网设备的普及和应用,物联网安全也成为信息安全的新挑战,包括设备安全、数据安全和通信安全等方面。

(8) 隐私泄露:涉及个人和用户的隐私信息被非法获取和利用,如个人身份信息、健康信息、金融信息等。

(9) SQL 注入攻击:一种常见的网络安全威胁,是攻击者通过在 Web 应用程序中注入恶意的 SQL 语句,从而使应用程序执行意外的操作(如修改、删除或泄漏数据等)的一种攻击类型。

问题探究

学习资料 6.2.1 信息安全威胁的类别,掌握目前常见的信息安全威胁类型,并将下列表述补充完整。

(1) 网络攻击:包括 _____、_____、_____ 和 _____ 等恶意软件的攻击,以及 DDoS(_____)等网络攻击手段。

(2) 数据泄露:包括数据被 _____、_____ 或 _____,导致敏感信息暴露给未经授权的人员,造成数据安全风险。

(3) 身份盗窃:包括 _____,而后进行欺诈和非法操作,给个人和组织带来经济和声誉损失。

(4) 社会工程攻击:利用 _____,如钓鱼邮件、钓鱼网站等,诱导用户泄露 _____ 和 _____。

(5) 零日漏洞:即尚未被厂商发现或修复的 _____,黑客可以利用这些漏洞进行攻击,造成系统和数据的安全风险。

（6）恶意内部人员：包括 _____、_____ 或 _____ 等内部人员，利用权限和机会进行数据窃取、破坏或篡改等行为。

（7）物联网安全：随着物联网设备的普及和应用，物联网安全也成为信息安全的新挑战，包括 _____、_____ 和 _____ 等方面。

（8）隐私泄露：涉及 _____ 被非法获取和利用，如 _____、_____、_____ 等。

（9）SQL 注入攻击：一种常见的网络安全威胁，是攻击者通过在 _____ 中注入恶意的 _____，从而使应用程序执行意外的操作（如修改、删除或泄漏数据等）的一种攻击类型。

善思

你在日常生活中有没有遇到过或者听到过信息安全威胁事例？它们属于哪一类安全威胁类型？

事例	安全威胁类型

2. 了解主流的信息安全技术

资料 6.2.2　　信息安全技术的类别

当前，信息安全技术正处于不断创新和发展的阶段。随着人工智能、大数据和物联网等技术的不断融合和应用，信息安全技术也在不断升级和完善。新的技术正在逐渐成熟并得到广泛应用，为信息安全提供了更多的保障。同时，各种安全设备厂商和研究机构也在不断研发新的安全防护产品和解决方案，以应对日益复杂和多样化的网络安全威胁。

在这样的背景下，信息安全技术的发展为个人和组织提供了更多的保障和选择，但也需要不断加强技术的应用和管理，以应对新的安全挑战。目前，主流的信息安全技术包括十大类。

信息安全技术的类别

任务 6.2 远离信息安全威胁

(1) 加密技术：包括对数据的加密和解密，确保数据在传输和存储过程中不被未经授权的人访问和窃取。常见的加密算法有 AES、RSA 等。

(2) 认证技术：包括身份验证和访问控制，可确保用户的身份和权限得到正确的验证和管理。常见的认证技术有密码、双因素认证、生物识别等。

(3) 防火墙技术：用于监控和控制网络流量，防止未经授权的访问和攻击。通过设置防火墙规则，可以限制不明来源的访问和流量。

(4) 入侵检测与防御系统（IDS/IPS）：用于监控网络和系统的活动，检测可能的入侵和攻击行为，并采取相应的防御措施。

(5) 安全审计与监控：通过记录、分析系统和网络的活动，及时发现异常行为和安全事件，以保障信息系统的安全性。

(6) 安全策略与管理：建立完善的安全策略和管理机制，包括制定安全政策、培训员工、定期演练应急响应程序等，确保信息安全工作的有效实施。

(7) 虚拟专用网络（VPN）技术：用于建立安全的远程访问通道，加密数据传输，保障远程用户和分支机构的网络安全。

(8) 网络安全监控与管理系统：通过对网络流量和行为的实时监控及分析，发现和应对潜在的网络安全威胁。

(9) 网站和移动应用的安全防范：主要的措施包括强化身份验证、更新和加固密码、强化访问控制等，以保护用户的信息不受黑客攻击。

(10) 提供多因素身份验证：包括你所知道的（如密码、PIN 码、安全问题答案）、你所拥有的（如手机、USB 安全密钥、智能卡）等因素。这些因素的结合可以提供更高级别的安全性，因为攻击者需要同时获取多个因素才能成功冒充用户身份。

问题探究

学习资料 6.2.2 信息安全技术的类别，掌握目前主流的信息安全技术类型，并将下列安全技术的概念补充完整。

(1) 加密技术：包括对数据的_____和_____，确保数据在_____和_____过程中不被_____访问和窃取。

(2) 认证技术：包括_____和_____，可确保用户的_____和_____得到正确的验证和管理。

(3) 防火墙技术：用于监控和控制_____，防止未经授权的访问和攻击。通过设置_____，可以限制不明来源的访问和流量。

(4) 入侵检测与防御系统（IDS/IPS）：用于监控_____和_____的活动，检测可能的_____和_____行为，并采取相应的防御措施。

(5) 安全审计与监控：通过记录、分析 _____ 和 _____ 的活动，及时发现 _____ 和 _____ ，以保障信息系统的安全性。

(6) 安全策略与管理：建立完善的 _____ 和 _____ ，包括制定 _____ 、 _____ 、 _____ 等，确保信息安全工作的有效实施。

(7) 虚拟专用网络（VPN）技术：用于建立安全的 _____ 通道，加密 _____ ，保障 _____ 和 _____ 的网络安全。

(8) 网络安全监控与管理系统：通过对 _____ 的实时监控及分析，发现和应对潜在的网络安全威胁。

(9) 网站和移动应用的安全防范：主要的措施包括 _____ 、 _____ 、 _____ 等，以保护用户的信息不受黑客攻击。

(10) 提供多因素身份验证：包括 _____ 、 _____ 等因素。这些因素的结合可以提供更高级别的安全性，因为攻击者需要同时获取多个因素才能成功冒充用户身份。

善思

你在日常生活中有没有使用过前文介绍的信息安全技术？使用的场景有哪些？

💬 使用场景：_____

3. 知道我国有关信息安全的法律法规

资料 6.2.3　　　　　　　　　信息安全法律法规

信息安全法律法规的发布和实施，为信息安全提供了法律依据和保障，规范了信息的收集、使用和处理，明确了相关主体的责任和义务，加强了对个人信息和数据的保护，促进了信息安全的健康发展。同时，这些法律法规也为企业和个人提供了明确的规范和指导，促使他们加强信息安全意识，提高信息安全保护水平，有效防范和应对各类信息安全风险和威胁，维护国家和个人的信息安全利益。因此，相关法律法规对于保护信息安全具有重要意义，为信息社会的健康发展和个人权益的保护提供了有力支持。信息安全的法律法规主要包括《中华人民共和国网络安全法》《中华人民共和国个人信息保护法》《中华人民共和国电子商务法》《中华人民共和国数据安全法》等。

(1)《中华人民共和国网络安全法》于 2016 年 11 月 7 日发布，主要内容包括网络基础设施的安全保护、网络运营者的责任、个人信息的保护等。

(2)《中华人民共和国个人信息保护法》于 2021 年 6 月 10 日发布，主要内容包括个人信息的收集和使用、个人信息的保护措施、个人信息泄露的责任等。

(3)《中华人民共和国电子商务法》于2018年8月31日发布,主要内容包括电子商务经营者的义务和责任、电子合同的有效性、网络商品和服务的质量等。

(4)《中华人民共和国数据安全法》于2021年6月10日发布,主要内容包括数据的收集、使用、处理和保护,数据安全责任,跨境数据传输,数据安全检查等。该法旨在加强对数据的保护,规范数据的合法使用和跨境传输,促进数据安全和信息化建设。

这些法律法规的发布和实施,为信息安全提供了法律依据和保障,促进了信息安全技术的健康发展。

问题探究

学习资料6.2.3信息安全法律法规,回答下列问题。

(1)《中华人民共和国网络安全法》,发布于_____,这是一部主要关于_____方面的法律法规。

(2)《中华人民共和国数据安全法》,发布于_____,这是一部主要关于_____方面的法律法规。以基本法的形式明确了我国数据安全治理体系的顶层设计和"四梁八柱"。对过度收集个人信息、大数据"杀熟"、人脸信息等敏感个人信息的处理做出规制,完善了个人信息保护投诉、举报工作机制。

(3)2021年,新版《_____》正式发布,主要内容包括个人信息的收集和使用、个人信息的保护措施、个人信息泄露的责任等,有效指导了个人信息持有者建立健全公民个人信息安全保护管理制度及技术措施。

任务实施

第一步 梳理信息安全威胁类型及防范技术。

对于"情境任务"中介绍的电子商务平台遭遇数据泄露的事件,你认为该平台可能遭受到的威胁有哪些?你觉得应该运用什么防范技术?

表6.2.1 信息安全威胁类型与防范技术

信息安全威胁	防范技术

第二步 加强日常管理。

该电子商务平台在分析了存在的安全威胁和防范技术之后,决定加强日常管理,具体包括以下措施(相关内容可进行网络检索):

(1) 加强员工的安全意识教育,这样做的目的是:

_____

_____

(2) 建立健全的安全管理制度和流程,包括:制定安全政策和规程、进行安全培训和教育、开展安全检查和监测以及遵从相关法律法规等。

(3) 加强网络安全技术的应用,提高系统的安全性。请检索网络安全技术的相关信息,并结合资料 6.2.2 中的有关知识,选择一种网络安全技术,详细说明该技术的优势。

我选择的网络安全技术:_____

该技术的优势:_____

_____

(4) 定期进行安全漏洞扫描和风险评估。请通过网络检索相关信息,列举 1—2 个常用的安全漏洞扫描软件。

① _____   ② _____

(5) 与安全专家和相关机构保持沟通与合作,及时获取最新的安全信息和技术支持。

第三步 做好安全防护措施。

(1) 加强网站和移动应用的安全防护措施,包括 _____、_____、_____ 等,以保护用户的个人信息不受黑客攻击。

(2) 提供多因素身份验证选项,如 _____ 或 _____,以增强用户账户的安全性。

(3) 建立专门的安全团队,负责监控和应对可能的安全威胁,以确保能够及时采取应对措施。

 拓展提高

信息技术应用创新

信息技术应用创新是国家基于国产芯片和操作系统的个人计算机、服务器、网络设备、存储设备、数据库、中间件等基础设施的技术创新,是在现有的信息技术基础上,通过创新和改进,开发出新的技术应用或者改进现有的技术应用。这包括了在计算机软件和硬件、网络通信、人工智能、大数据等领域的创新应用。信息技术应用创新可以带来更高效的生产方式、更便捷的生活方式、更智能的工作方式等,对社会和个人都有积极的影响。随着科技的不断发展，信息技术应用创新也在不断推动着社会的进步和发展。

信息技术应用创新（以下简称信创）发展的意义包括以下几方面：

（1）建立自有 IT 底层架构和标准。过去，中国的 IT 底层架构、标准、产品、生态多由国外 IT 商业公司来制定，多数关键基础设施对国外技术的依赖度高，信息和网络的安全性不高。因此，基于自有 IT 底层架构和标准建立起来的 IT 产业生态便是信创产业的主要内涵。

（2）助力经济发展取得新成效。经济发展要取得新成效，需要提升信创能力；建设数字中国，推动基础设施建设，都需要信创产业做出强力支撑。同时，经济与数字产业的发展也会反向推动信创产业的发展。信创产业发展是实现国家《"十四五"规划》的重要抓手。

（3）金融科技的安全基石。中国作为全球金融科技的领航者之一，不仅需要推动科技产业发展与科技金融创新，而且也需要以不发生系统性金融风险为底线，保证 IT 技术的供应链安全。

图 6.2.1　信创产业的内涵及应用行业

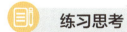

1. 单选题

（1）以下不属于计算机病毒特点的是(　　)。

---

① 说明：流版签是三类软件的简称。"流"指流式处理软件，"版"指版式文档处理软件，"签"指电子签章管理软件。

A. 自我复制 B. 寄生性
C. 破坏性 D. 传播速度慢

(2)（　　）是一种网络钓鱼攻击。

A. 电子邮件加密

B. 伪造网站，欺骗用户输入个人信息

C. 数据备份和恢复

D. 双因素身份验证

(3)（　　）是常见的信息安全漏洞。

A. SQL 注入攻击 B. 加密数据传输
C. 多因素身份验证 D. 数据备份

(4)（　　）是一种新兴的信息技术创新。

A. 人工智能 B. 传统数据库管理系统
C. 电子邮件 D. 智能手机

(5)（　　）是一种勒索软件攻击。

A. 数据备份

B. 加密数据传输

C. 网络入侵检测系统

D. 封锁用户文件并要求赎金

(6) 通过利用物理安全漏洞进行的攻击方法是（　　）。

A. 社会工程攻击 B. SQL 注入攻击
C. 分布式拒绝服务攻击 D. 暴力破解攻击

2. 判断题

(　　)(1) 数字签名可以确保数据的完整性和真实性。

(　　)(2) 防火墙是一种有效的网络安全策略。

(　　)(3) 入侵检测系统(IDS)可以及时发现网络入侵行为。

(　　)(4) 虚拟专用网络(VPN)可以提供数据加密和身份验证，从而确保网络通信的安全性。

(　　)(5) 计算机病毒可以通过下载恶意软件来感染计算机。

3. 实践题

根据本任务所学的信息安全技术知识，找到学校网络可能会遇到的信息安全问题，并提出相应的防范措施。

评价总结

自查学习成果,填写表 6.2.2,已达成的打"√",未达成的记录原因。

表 6.2.2　学习成果自查表

基本情况

课前准备:_____分钟　　课堂学习:_____分钟　　课后练习:_____分钟
学习合计:_____分钟

学习成果	已达成	未达成原因
我知道了信息安全威胁的种类	☐	
我知道了信息安全技术的种类	☐	
我掌握了甄别信息安全威胁的能力	☐	
我掌握了保护信息安全的方法	☐	
我具备了构建信息安全的责任意识	☐	

请结合你的专业与生活,将你在本任务中的收获、体会记录下来。

_____
_____
_____
_____
_____
_____

任务 6.3　保护公司网络安全

学习目标

1. 掌握网络安全的基本知识。
2. 了解安全漏洞扫描的基本流程。
3. 了解常用信息安全设备的功能及分类。
4. 掌握计算机系统安全中心的常用功能及基本的操作方法。
5. 了解常用的信息安全工具。

情境任务

小李在一家公司实习,作为网络管理员,他需要负责公司办公用计算机等设备的维护和技术支持,网络设备的管理、使用和维护,以及保障计算机网络系统的正常运行。最近,公司的计算机设备频繁遭受病毒攻击,小李每天忙于应付各种报修。面对这样混乱的局面,你有办法帮助小李吗?

任务准备

1. 了解网络安全威胁的应对方法

资料 6.3.1　　网络安全威胁的应对方法

应对网络安全威胁是保护网络系统和数据免受恶意攻击和黑客入侵的关键内容。首先,可以使用防火墙和安全软件来监控网络流量及阻止恶意攻击。其次,定期更新和维护系统,加密重要数据,设置强密码和多因素身份验证,以及定期备份数据也是必不可少的措施。最后,对员工进行网络安全培训和教育,监控和检测网络活动,并制定安全策略和应急计划也是非常重要的应对方式。综合以上措施,可以有效应对各种网络安全威胁,保护网络系统和数据的安全。具体来说,网络安全威胁的应对方法主要可以分为八个方面。

（1）使用安全的密码和多因素认证：确保设备使用强密码，并启用多因素认证，以增加设备的安全性。

（2）及时更新系统和应用程序：定期更新设备的操作系统和应用程序，以修补已知的安全漏洞和缺陷。

（3）安装安全软件：安装和定期更新防病毒软件，以保护设备免受恶意软件和病毒的攻击。

（4）使用加密技术：对设备中的重要数据进行加密，以防止数据被未经授权的访问者获取。

（5）小心使用公共 Wi-Fi：在使用公共 Wi-Fi 网络时，尽量避免访问敏感信息，或者可以使用虚拟私人网络（VPN）来加密网络连接。

（6）定期备份数据：定期备份设备中的重要数据，以防止数据丢失或被损坏。

（7）注意社会工程攻击：提高对社会工程攻击的警惕性，避免点击可疑链接或下载未知来源的文件。

（8）控制应用程序权限：在设备上控制应用程序的权限，避免给予不必要的权限。

通过以上方法，可以增强设备的安全性，保护个人信息和数据的安全。

问题探究

学习资料 6.3.1 网络安全威胁的应对方法，思考以下做法的意义，并记录下来。

（1）使用安全的密码和多因素认证：

（2）及时更新系统和应用程序：

（3）安装安全软件：

（4）使用加密技术：

（5）小心使用公共 Wi-Fi：

（6）定期备份数据：

（7）注意社会工程攻击：

（8）控制应用程序权限：

你在日常生活中使用的网络设备有哪些？它们可能会存在哪些信息安全威胁？

网络设备	信息安全威胁类型

2. 了解安全漏洞的扫描流程

资料 6.3.2　　　　　　　　　安全漏洞的扫描流程

安全漏洞扫描是一种非常重要的安全措施，它可以帮助组织及时发现和修复系统中存在的漏洞和弱点，从而避免黑客和恶意攻击者对系统进行攻击和侵入。通过定期的安全漏洞扫描，组织可以及时提供相应的安全补丁，以保护系统和数据的安全，确保业务的正常运行和用户信息的保密性。因此，安全漏洞扫描对于组织的信息安全和业务的稳定性具有非常重要的意义。具体的扫描流程如下：

安全漏洞的扫描流程

（1）确定扫描范围：确定需要扫描的系统和网络范围，包括所有的服务器、网络设备和应用程序。

（2）选择合适的扫描软件：根据需要扫描的系统和网络范围，选择合适的扫描软件。常用的扫描软件包括：Nessus、OpenVAS、Qualys、Nexpose 等。

（3）配置扫描参数：根据系统和网络的特点，配置扫描软件的参数，包括扫描的端口范围、漏洞类型、频率等。

（4）运行扫描：根据配置好的参数运行扫描软件，对系统和网络进行漏洞扫描。

（5）分析扫描结果：对扫描软件生成的漏洞报告进行分析，识别出系统和网络中存在的漏洞和安全风险。

（6）制定漏洞修复计划：根据分析的结果，制定漏洞修复计划，优先处理高危漏洞，确保系统和网络的安全。

(7) 定期扫描：定期对系统和网络环境进行漏洞扫描，以确保能够及时发现并修复新出现的漏洞。

问题探究

学习资料 6.3.2 安全漏洞的扫描流程，将下方表述补充完整。

(1) 确定扫描范围：确定需要扫描的系统和网络范围，包括所有的_____、_____和_____。

(2) 选择合适的扫描软件：根据需要扫描的系统和网络范围，选择合适的扫描软件。常用的扫描软件包括：_____、_____、_____、_____等。

(3) 配置扫描参数：根据系统和网络的特点，配置扫描软件的参数，包括扫描的_____、_____、_____、_____等。

(4) 运行扫描：根据配置好的参数运行扫描软件，对_____和_____进行漏洞扫描。

(5) 分析扫描结果：对扫描软件生成的_____进行分析，识别出系统和网络中存在的漏洞和安全风险。

(6) 制定漏洞修复计划：根据分析的结果，制定漏洞修复计划，优先处理_____，确保系统和网络的安全。

(7) 定期扫描：定期对_____和_____进行漏洞扫描，以确保能够及时发现并修复新出现的漏洞。

任务实施

第一步 找出系统和网络的威胁。

使用安全漏洞扫描工具对计算机系统进行全面扫描，发现潜在的漏洞，并按照优先级进行处理。记录你使用的工具和操作步骤。

我使用的工具：_____

我的操作步骤：_____

第二步 加强系统防护措施。

在修复已有漏洞之后，还需要加强系统的日常防护，具体措施有：

(1) 定期对系统进行：_____

(2) 安装：_____

(3) 加密：_____

(4) 及时更新：_____

(5) 其他：_____

第三步 信息安全培训。

对员工进行信息安全培训也是网络管理员的职责之一。请列出信息安全培训的提纲。

信息安全培训提纲

第四步 应对潜在的安全威胁。

与外部的安全专家和厂商合作，获取最新的漏洞信息和安全解决方案。

你知道国内有哪些从事信息安全业务的企业吗？谈一谈你对这类企业的了解。

 拓展提高

信息安全新技术

近年来，随着计算机网络技术的发展，计算机网络在信息安全方向的新技术也日益涌现。这些新技术主要包括以下几方面：

（1）区块链技术：区块链技术的核心特点是去中心化、不可篡改、匿名性和智能合约等。它可以实现去中心化的交易记录和智能合约的自动执行，从而能够有效防止数据被篡改和窃取，保护数据的安全和隐私。区块链技术在金融、物联网、医疗、供应链管理等领域都有广泛的应用，为信息安全提供了更加可靠的保障。

（2）零信任网络：这是一种基于零信任安全模型的网络架构。传统的网络安全模型通常是基于信任的，即内部网络被视为安全的，外部网络被视为不安全的。而零信任网络则认为任何网络都是不可信的，包括内部网络，因此需要对所有的网络流量和用户进行严格的验证和授权。零信任网络技术在云计算、移动设备、物联网等领域都有广泛的应用，为网络安全提供了更加严格的保障。

（3）AI安全技术：指利用人工智能技术来保护计算机网络和系统安全的技术。随着人工智能技术的快速发展，黑客和恶意软件也开始利用人工智能来进行攻击，因此我们也需要利用人工智能技术来提高网络和系统的安全性，包括威胁检测和预测、自动化安全响应、强化访问控制、恶意代码识别等。AI安全技术在网络安全、终端安全、云安全等领域都有广泛的应用，可以有效地提高网络和系统的安全性，保护用户的隐私和数据安全。

（4）边缘计算安全：指针对边缘计算环境中的安全隐患和风险，采取相应的安全措施和技术来保护系统和数据的安全。边缘计算是一种分布式计算架构，即将数据处理和存储功能移到接近数据源的边缘设备上，从而提高数据处理的效率和实时性，包括设备安全、网关安全、数据安全、应用安全等。该项技术在工业控制、智能交通、智能家居等领域都有广泛的应用，可以有效地提高边缘计算系统的安全性和可靠性，保护用户的数据和隐私。

（5）物联网安全：随着物联网设备的普及和应用，物联网安全成为一个重要的领域。物联网安全的新技术包括物联网设备安全认证、数据加密传输、远程监控和管理等方面，以保护物联网设备和数据的安全。

（6）安全聚合计算：是一种保护数据隐私的计算方法，可以在不暴露原始数据的情况下进行数据的分析和计算。在计算机网络中，安全聚合计算可以应用于隐私保护数据的收集和处理，以保护用户的隐私和数据安全。

（7）虚拟化安全技术：虚拟化技术在计算机网络中已得到广泛应用，但与此同时，虚拟化环境的安全性也面临挑战。虚拟化安全新技术包括虚拟化安全监控、隔离技术和安全策略管理等方面，以保护虚拟化环境的安全。

（8）零知识证明技术：是一种加密技术，可以证明某个陈述是真实的，而不需要透露任何关于这个陈述的具体信息。在计算机网络中，零知识证明可以用于验证用户身份和数据交换的真实性，同时保护用户的隐私信息。

（9）安全多方计算：是一种在不暴露私密输入的情况下进行计算的技术，可以在多个参与方之间进行安全的数据计算和交换。在计算机网络中，安全多方计算可以用于保护数据隐私及进行安全的数据分析。

（10）智能合约技术：是基于区块链技术的一种自动化合约，可以在没有第三方的情况下执行和验证合约。在计算机网络中，智能合约可以用于构建安全的数据交换和合作系统，从而实现自动化的合约执行和数据交换。

这些新技术为计算机网络的信息安全提供了更多的保障。它们被应用于不同领域，可以有效地提高信息安全的水平，保护用户的隐私和数据安全。随着这些新技术的不断发展和完善，计算机网络的信息安全将迎来更加稳固和可靠的保障。但与此同时，我们也需要不断地研究和创新，以适应不断变化的安全威胁和挑战。

和同学讨论一下：你听到过哪些网络安全新技术，你对它们了解多少？

 练习思考

1. 单选题

(1) 在以下密码组合中，最安全的是（　　）。

　　A. 123456　　　　　　　　　　B. password

　　C. aBcDeF　　　　　　　　　　D. 8$3hT!Q

(2) 在以下防止计算机病毒侵入的方法中，最有效的是（　　）。

　　A. 定期更新防病毒软件　　　　B. 只访问信任的网站

　　C. 使用强密码　　　　　　　　D. 定期清理硬盘

(3) 在下列行为中，最有可能导致手机被黑客攻击的是（　　）。

　　A. 连接到公共无线网络　　　　B. 定期更新手机操作系统

　　C. 启用手机屏幕锁　　　　　　D. 定期备份手机数据

(4) 在下列保护个人隐私信息的措施中，最有效的是（　　）。

　　A. 定期更改所有在线账户的密码　　B. 避免在公共场所使用个人设备

　　C. 定期清理浏览器缓存和历史记录　　D. 使用加密软件保护文件和通信

(5) 在下列防止身份盗窃的措施中，最有效的是（　　）。

　　A. 仅在安全的网站上输入个人信息　　B. 定期查看个人信用报告

　　C. 不使用公共计算机登录银行账户　　D. 定期更新所有在线账户的密码

2. 判断题

（　）(1) 使用复杂的密码和定期更改密码是有效的计算机安全防范措施。

（　）(2) 下载未知来源的应用程序是危险的，因为这可能导致手机感染病毒。

（　）(3) 将手机解锁码告诉他人会导致手机受到安全威胁。

（　）(4) 使用手机的指纹识别功能来解锁手机是安全的。

（　）(5) 将手机中的个人信息删除可以完全保护手机的安全。

（　）(6) 将手机中的数据备份到云存储设备上是正确的手机安全防范措施。

3. 实践题

尝试为你的手机、电脑等设备进行信息安全漏洞扫描。

评价总结

自查学习成果，填写表 6.3.1，已达成的打"√"，未达成的记录原因。

表 6.3.1 学习成果自查表

基本情况		
课前准备：＿＿＿分钟	课堂学习：＿＿＿分钟	课后练习：＿＿＿分钟
学习合计：＿＿＿分钟		

学习成果	已达成	未达成原因
我知道了日常网络设备存在的安全威胁类型	☐	
我知道了应对这些安全威胁的方法	☐	
我掌握了使用信息安全技术的手段	☐	
我具备了信息安全的责任意识	☐	

请结合你的专业与生活，将你在本任务中的收获、体会记录下来。